第二言語習得論に基づく、
もっとも効率的な英語学習法

はじめに

「藤井くん、6月から香港行ってくれる?」
TOEIC400点で海外勤務を命ぜられたら!?

　年度が変わって間もないある年の4月、わたしはある日本人男性のプライベート・レッスンを担当することになりました。IT関連会社で勤続10年目になる藤井直樹さん(31歳、仮名)です。これまでは国内の仕事がメインだったのですが、同年6月から香港でマネージャーとしての勤務を命ぜられたところでした。

　香港ではもちろん中国語(広東語)が話されてはいますが、グローバルビジネスの公用語といえば英語。藤井さんはこれまでにも、英会話教材を自分で買って取り組んでみたり、英会話学校に通ってみたりした経験がありましたが、英語になかなか自信を持つことができなかったといいます。

　たしかに、研修開始前に受けたTOEICは385点と決して良いとはいえない点数でした。赴任前に英語をブラッシュアップしておくようにと上司にも言われていたようです。

そんな藤井さんが今回受けることになったのが、赴任前の短期集中の英語研修プログラムです。

週5日、朝9時から午後4時まで英語漬けになる1カ月半のプログラムで、週3回は日本人講師のわたしと文法教材を使いながら英語の基礎固めをします。そして残る2回は、ネイティブの先生とビジネス英会話のレッスンを行います。

研修の初日。教室には、不安な表情で待っている藤井さんの姿がありました。わたしは彼をリラックスさせようと思い、まずは簡単な英語で会話をしてみることにしました。

わたし：Good morning. How are you today?（おはようございます。お元気ですか？）
藤井さん：えっとー ふぁいん さんきゅー あんどゆー？
わたし：Oh, I am not bad. I'm Yoichi Sato. Nice to meet you. May I have your name, sir?（ええ、悪くありませんよ。わたしは佐藤洋一と申します。はじめまして。あなたのお名前を伺ってもいいですか？）
藤井さん：ん？ ネーム？ あ、名前？ ぼくの？ えっと まいねーむ いず なおきふじい？
わたし：Good. Who do you work for?（ありがとうご

ざいます。どちらへお勤めですか？）
藤井さん：(頭を抱え込んで) う〜〜〜っ。
わたし：あ、じゃあ、そろそろ日本語で話しましょうか。
藤井さん：あ、日本語話せるんですね（笑）。

　このようなレベルから藤井さんの研修は始まりました。わずか1カ月半の研修後、藤井さんの英会話力はどのようになったと思いますか？　にわかには信じられないかもしれませんが、研修後の藤井さんとの会話を紹介しましょう。

わたし：Morning. How are you doing today?（おはようございます。お元気ですか？）
藤井さん：Oh, I'm alright. Yourself?（ええ、とても。あなたは？）
わたし：Oh, I am not bad at all. So, did you sleep well last night?（悪くないですね。昨日はよく眠れましたか？）
藤井さん：Yeah. It was great. Last night, I was so tired, but I feel fine this morning.（はい、よく眠れました。昨晩はとても疲れていたのですが、今朝は快調です。）
わたし：Oh, what time did you go to bed last night?

（昨晩は何時に寝たのですか？）
藤井さん：Ah, actually, I went to bed very early. It was around ten o'clock.（実は、とても早く寝たんです。10時ぐらいでしたね。）
わたし：Wow. So, you slept soundly for eight hours.（なるほど、ということは8時間も眠れたのですね。）

　いかかでしょうか？　この1カ月半で、藤井さんの英語力はこんなにも急上昇したのです。研修後に受けたTOEICの結果は610点！　なんと200点以上もアップしていました。TOEIC600点を超えれば、英語で自分の言いたいことをとりあえず伝えるための素地ができてきたと考えて差し支えありません。つまり、英語で仕事をするための最初の段階に到達することができたのです。
　実際、研修を終えた藤井さんは以下のように力強く語ってくれました。
「いやー、最初、上司から『藤井くん、6月から香港に行ってくれる？』って言われたときには、一体どうなることかと思っていましたよ。英語研修開始直後はちょっときつかったんですけどね、この1カ月半で、まあ日常会話レベルならなんとかなるかな、っていう感じにはなりました。今はなんとなくですが、英語に対する抵抗感も弱くなった

ような気がします。現地に行ってみないとなんとも言えませんが、香港でもなんとか頑張れる気がしています。」

1カ月半で英語力が急上昇したワケ

　藤井さんの英語力がこの1カ月半で劇的に伸びたのはなぜでしょうか？　結論から言えばそれは、**第二言語習得論という科学的な研究を応用した学習マニュアル**を実践したからなのです。

　毎日朝から晩までみっちり英語を勉強してもらったので、英語力が伸びなかったら「教える側は一体何をしていたのだ」ということになるわけですが、ただ英語漬けにしただけでは、ここまでの効果は得られなかったはずです。もちろん、毎日みっちりの勉強に耐えたという「努力」もあるでしょう。しかし、努力だけでこれほどまでの成長をすべて説明するのはいささか無理があります。

　そこにはやはり、なんらかの理由があるはずです。そしてその理由は他でもなく、第二言語習得論を応用した学習マニュアルを実践したから、ということに尽きるのです。

　英語ではなく、中国語（広東語）を習得する必要があったとしたらどうなっていたでしょうか？　第二言語習得論

は、あらゆる第二言語に対して有効です。なので、この学習マニュアルは中国語に対しても効果的に機能します。

しかしながら、新しい言語を文字通りゼロから学習する場合、1カ月半でここまで劇的な伸びは見込めなかったはずです。中学・高校で勉強したことのある英語を「もう一度やり直す」作業だったからこそ、急成長が可能だったのです。

つまり、本書で紹介する学習マニュアルは、中学・高校で英語を一応学んだものの習得するには至らないまま大人になっていった人が、最短距離で成果を上げるために必要なことを示すものなのです。

大人の頭で学び直す＝短期間で英語力UP！

なぜ、藤井さんを始めとする多くの日本人が中学・高校では英語力が伸びなかったのに、このマニュアルで、短期間に劇的な成長を遂げることができるのでしょうか？

その秘密は**大人の頭で英語をやり直す**という点にあります。

英語は論理的な構造を持っている言語だと言われています。事実、言語というのは洋の東西を問わずなんらかのシ

ステムに基づいて構築されていることが、多くの言語学者、文法学者によって実証されてきています。

そして、このような論理的な構造は、中学生や高校生のような未成年の頭よりも、成人した大人の頭のほうが体系立てて、はっきり捉えられるということも明らかにされてきています。

つまり、未成年の頭よりも**成人の頭のほうが、体系立てた言語学習をやりやすい**、ということです。

英語をやり直すという点も重要です。第二言語習得論では、新たな言語を習得するためには相当量のインプットが必要であることが示されています。

わたしたちは、中学・高校での授業だけでも、800時間程度英語に触れてきています。このインプットを活かさない手はありません。

言語習得には、科学的理論に基づく必勝手順がある！

結論から言うと、大人の頭で文法を学び直す、過去のインプットを活かす、その上で学習に関するさまざまなモードの切り替えを行うことが言語習得の必勝手順となります。

中学・高校の頃の英語学習と、ビジネスのための英語学

習は幾分勝手が違います。学習の目的は苦々しい受験戦争に勝ち残ることではなく、実用のための英語を身に付けることです。それゆえに、「発信」や「相互理解」など、モードの切り替えが重要となってきます。

実用のための英語では、誰もあなたの答案に×を付けません（その代わりに〇を付けてくれることもありません）。もちろん広い視野で見た場合、グローバルビジネスでの生き残りを賭けた競争に勝ち残る、という競争原理が働いていますが、そこでの成功基準は「文法の正確さ」ではなく、「コミュニケーションの適切さ」にあります。

やり直し学習成功者には共通点が三つある

ここで、わたしが見てきた、英語のやり直し学習に成功した人の共通点を紹介しましょう。それは、大きく以下の三つとなります。

❶ やみくもに勉強するのではなく、
筋道を立て、体系立てて学習を進めている

❷ 自分自身の学習段階を理解し、
次に何を学ぶべきかを把握している

❸ 学習に関するさまざまな外的要素を
自分でコントロールしている

ちなみに、ここで挙げた良い学習者の特徴は、実はすなわち第二言語習得論に基づく、科学的な英語学習の方法でもあります。

ビジネスのための英語学習に成功する人は、「語彙や文法をひたすら暗記する」という受験英語のマインドセットを捨て、「自分の言いたいことを伝えるために必要な量の語彙と文法を覚え、繰り返し使う」というような割り切りができています。反対に、なかなか英語が上達しない人は、受験英語の学習観をそのまま引きずっている場合がほとんどです。数限りなくある語彙や文法項目をやみくもに勉強していっても、なかなか上達しません。

学習の筋道を立て、体系立てて学習を進めることは、今の学習を次の学習へ橋渡しする助けにもなります。今やっていることがどう次へつながるかが分からなければ、学習の効果はどうしても薄れてしまいます。反対に、次にやるべきことが分かっていれば、目の前の課題にただやみくもに手当たり次第取り組み、壁に突き当たってしまうということもなくなります。

そして、何をすべきかが分かっている人は、学習時間の捻出など、学習に関するさまざまな外的要因を自然とうまくコントロールできるようになります。

つまり、今まで「なかなか英語が身に付かない」と思い悩んでいた人は、間違った**「学習法」**のせいで効果が得られなかった、という可能性がかなり高いのです。間違った学習法で英語学習を進めていても、ただ同じところをぐるぐる回るだけで、次のステージには決して進めません。反対に、正しい英語の**「習得法」**を知っていれば、藤井さんのように短期間で高い効果を得ることができます。

半年でTOEIC200点UP！
短期集中英語学習マニュアル

　このような効果的な英語学習のセオリーについて、「言うは易し」ですが、いざ実践するとなるとなかなか難しいものです。そこで本書では、いつの日か「藤井さん」と同じ立場に立たされるかもしれないあなたのために、具体的な学習方法として、**「短期集中英語学習マニュアル」**をお届けいたします。

　本書は、わたしが企業トレーナーとして明日のグローバルビジネスパーソンに英語を教えてきた経験に、第二言語習得論を研究してきた成果を加えた、いわば日本人ビジネスパーソンにとってもっとも効率の良い英語学習マニュアルとなっています。

具体的な目標数値としては、今TOEICで400点前後の人が、1日3時間の勉強時間を確保できたとして、半年後に600点まで到達していることを目指しています。もちろん、今600点以上ある人にとっても、さらに英語力を磨くための効果的なマニュアルとなっています。

TOEIC400点というのは、「英語を見て、聞いて、何を言われているのかぼんやり理解することはできるけど、コミュニケーションはほとんどとれない」という、いわば日本人の多くの英語学習者が抱えている問題を表したようなレベルだと言って差し支えないでしょう。そして、目標とする600点というのは、グローバルビジネスの現場で活躍するための素地を持っていることを示す数値であり、多くの企業が海外赴任のための必要条件としている数値です。

このレベルまで到達できれば、英語をビジネスで使うための入り口まではたどり着けたといえます。またこのレベルは、今多くの日本人ビジネスパーソンが到達しなければならないとされているレベルでもあります。

本書は、＜英語学習マニュアル理論編＞と＜英語学習マニュアル実践編＞に分かれています。

理論編では、日本人英語学習者が知らず識らず陥っている学習の落とし穴について解説し、それをどう克服するか

について、科学的な知見を取り入れつつ解説していきます。

　実践編では、「科学的な英語習得プロセス」に沿った英語学習プログラムを、具体的なメソッドや教材などを交えながら紹介していきます。また、「英文法のやり直し」については、自然順序仮説という説に基づいた速習ガイドを巻末に用意いたしました。これは、英語を話す際のコアになる文法項目を、科学的に実証された、大人の頭でもっとも学習しやすいとされる順序で学習するための手引きにもなっています。

　各章の終わりにはチェックリストを用意してあります。これらをうまく活用し、ご自身の自由時間と相談しながら、効果的な学習プログラムを組み立てていくと良いでしょう。

　実践編の最後には、学習者からよく耳にする英語学習にまつわる質問と、それに対するわたしの回答をのせました。今まで英語に苦手意識を持っていたあなた、本書を読んで、今度こそ本物の英語力を身に付けていきましょう！

佐藤洋一

contents

はじめに——2

第1部
英語学習マニュアル理論編　19

第1章
カリスマ講師、第二言語習得論を学ぶ——20

日本人英語学習者が陥ってしまう
五つの間違った思い込み——23

今のあなたの英語学習法、大丈夫?——36

第2章
第二言語習得論に基づく、
もっとも効率的な学習マニュアル——43

文法には必要最小限のコアと、
自然な習得順序がある!——46

日本人学習者に決定的に足りないのはインプット——48

インプットだけでは
ビジネスで使える英語は身に付かない——50

「発信型の英語」を「相互理解のための英語」へ——51

伸び悩みを打破する「モニタリング」——52

努力に頼らず語学学習を継続させる——54

第2部
英語学習マニュアル実践編　57

第1章
英文法の自然な習得順序に沿って、文法のコアを押さえる──58

自然順序仮説に基づく文法学習の順序とは?──60

文法のコアを徹底的に押さえる──65

第2章
「i+1」の難易度で2000時間のインプット──69

効果的なインプットの方法とは?──70

質より量をこなす──75

上質なインプットのためのお勧め教材──79

第3章
十分なインプットをアウトプットに切り替える!──85

モードを切り替える!
「受信型の英語」から「発信型の英語」へ──87

インプットを効果的にアウトプットに
変換するためのトレーニングとお勧め教材──91

第4章

アウトプットから相互理解へ——100

発信の次は相互理解——100

「相互理解のための英語」モードへ
切り替えるためのお勧め教材——108

第5章

仕上げはモニタリング
自分の英語をチェックしよう！——111

モニタリングで気付く
ネイティブのような表現の罠——113

モニタリングを身に付ける二つのトレーニング——119

第6章

学習方法をカスタマイズして
学び続ける——129

学習方法をカスタマイズするヒント——131

第7章

学習マニュアルのおさらい
学習の手順を再確認！——142

第8章
学習者からよく耳にする質問──147

- Q01 英語が得意な人に共通することは何ですか?──147
- Q02 ネイティブはなぜ、文法を知らなくても話せるのでしょうか?──148
- Q03 中国人や韓国人の方が話す英語が日本人より上手なのはなぜですか?──149
- Q04 日常英語とビジネス英語では何が違うのでしょうか?──151
- Q05 英検、TOEIC、TOEFLなど、英語関連の資格試験がたくさんありますが、どれを受けるのがベストですか?──152
- Q06 そもそも、自分が何が分からないのか分かりません。──155
- Q07 このマニュアルでは語彙学習について触れられていませんが、語彙の学習はどのように進めたら良いのでしょうか?──156
- Q08 昔の人は、どのようにして英語を勉強していたのでしょうか?──157
- Q09 先生はどうやって英語を勉強したのですか?──159
- Q10 英語学習の王道を教えてください。──160

付録
英文法のコア速習ガイド──161

文の種類(肯定文、否定文、疑問文)を理解する──162

品詞の役割を理解する──185

あとがき──195

第1部

英語学習マニュアル

理論編

第1章
カリスマ講師、第二言語習得論を学ぶ

　企業研修に携わって間もない頃、ある企業での英語研修で、受講生の方と次のようなやり取りをしたことを覚えています。

受講生：佐藤先生は向こう（英語圏）で育ったんですか？
わたし：実は、わたしは生まれも育ちも日本です。初めて海外に行ったのは2005年のことで、アメリカへの短期語学留学でした。その他にも、海外での英語ディベートやビジネス英語のイベントに参加したことがありますが、人生の大半を日本で過ごしてきました。英語は皆さんと同じように、中学から始めました。
受講生：そうなんですか！　小さい頃から向こうに住んでいなくても、ネイティブのような英語力を身に付けられるものなのですね。
わたし：……。

あの日、返答に困ってしまっているわたしがいました。褒められたことが照れくさくて、何と返答していいのか分からなかったということもありますが、それだけではありません。あの頃のわたしは、自信を持って「はい」と答えることができなかったのです。

　英語講師として一応の手応えを感じていた頃ではあったのですが、個人的な経験に基づく指導法であり、すべての人の英語力の向上に貢献できるのか一抹の不安がありました。安易に「はい」とお答えし、見せかけの希望を与えた挙げ句、落胆させてしまうことを恐れていたのだと思います。

　あれから５年の歳月が流れました。この５年の間に、わたしは英語講師を続けながら大学院に入り直し、第二言語習得論を学びました。そして今、自信を持ってこの問いに答えたいと思います。
「はい。大人になってからでも、ビジネスに必要な、ネイティブに評価される英語力を身に付けることは十分に可能です。ですが、そのためには**大人の頭にとって効率の良い英語学習の方法**を知らなければなりません。」

　さて、その効率の良い学習マニュアルをこれから紹介し

ていくわけですが、その前に、英語学習の「間違った思い込み」について触れておきたいと思います。間違った思い込みを抱えたまま英語学習に取り組み、その認識のズレが思わぬスランプを引き起こしてしまうことがよくあります。効率的な英語学習のためにはまず、学習に対する正しい認識を持つことが必要なのです。

日本人英語学習者が陥ってしまう五つの間違った思い込み

　英語学習者に限らず、学習者は、学習に関するさまざまな思い込みを持っているものです。英語学習に関して言えば、次に挙げる五つが代表的な学習の思い込みです。皆さんにも心当たりはないでしょうか？

1. 文法を学習しても、話せるようにはならない
2. 小さい頃から英語に触れていなければ、手遅れだ
3. 海外に長く住めば、誰でも英語を話せるようになる
4. ネイティブと同じレベルにならなければいけない
5. 結局、語学は才能だ

　第二言語習得論によって、これらの思い込みはすべて間違いであることが明らかにされています。これらの思い込みがどう間違っているのか、第二言語習得論の観点から見ていきましょう。

間違った思い込み 1
「文法を学習しても、話せるようにはならない」

　よく、「学校英語は文法偏重で、だから英語を話せるようにならない」と言われます。たしかにこれには一理あります。文法の学習だけに特化した英語教育では、話せるようにならないのは至極当然のことです。

　しかし、その反動から最近は「伝わればいい」という英語コミュニケーション観がはびこっているように思います。ビジネスでの英語使用を考えた場合、ネイティブのような語彙や言い回しが必ずしも必要なわけではありません。

　実際、今の学生たちの英語を口から出すことに対する抵抗感は、わたしが大学生だった頃の平均的な学生たちと比べて少なくなっているように感じます。一方で、「通じればそれでいいじゃん」「文法なんか勉強したくない」という態度の学生も増えてきたように思います。

　「伝わればいい」ということと、「面倒な文法はやらなくていい」ということは決してイコールにはなりません。実は、通じればめちゃくちゃな英語でも構わないんだという発想は、効率良く英語を習得するという点からしても、まったくの見当違いなのです。

第二言語習得論は、**文法をしっかりと押さえることで、後々のインプットの質が飛躍的に高まる**ことを示唆しています。

　細かな文法事項の学習に固執する必要はまったくありませんが、コミュニケーションを成立させるためには、最低限の「基準」に合うような話し方をしなければなりません。そのためには、文法の基礎（本書ではこれを**文法のコア**と呼ぶことにします）をしっかり理解しておく必要があります。

　コミュニケーション中心の学習ばかり続けていると、「基準」を外れた自己流の話し方を身に付けてしまうことがほとんどで、結果としてコミュニケーションが成り立たないことになり、かえって遠回りとなってしまいます。

　文法偏重学習の反動から文法学習を嫌い、そのせいでいつまでたっても英語が話せるようにならないという状況が生まれ始めているのは、なんとも皮肉なことです。

　　文法のコアをしっかり押さえることは必要不可欠

間違った思い込み 2
「小さい頃から英語に触れていなければ、手遅れだ」

　間違った思い込みの中でもっとも多いものがこれです。結論から申し上げると、これは間違いです。もちろん、小さい頃から英語に触れていたほうが、抵抗感なく学習を進めることができるというのは事実です。ですが、小さい頃から触れていなければ、流暢に話せるようにならないというのは、少々早合点と言えます。わたし自身、成人してから第二言語の学習を始め、流暢に操れるようにまでなった学習者を数多く知っています。

　小さい頃から英語に触れていることの利点は何なのでしょうか？　ここで登場するのが、第二言語習得論の中でもよく議論される「**臨界期**（critical period）」という概念です。

　臨界期というのは、言語学習を効率よく行うことができるとされる時期のことです。人の脳は若ければ若いほどさまざまなことを吸収しやすく、年齢を重ねるにつれその吸収力が衰えていくことが明らかにされてきています。そして、諸説あるものの、12歳前後を境に言語に対する人の脳の吸収力は急速に衰え始めるといわれています。

つまり、脳の吸収力が豊かなうちに英語に触れることができるというのが、小さい頃から英語に触れていることの利点ということです。なんとも当たり前のように聞こえる話ですが、できるだけ幼いうちから英語に触れることは、英語を身に付ける上でとても有効な手段であることは広く認識されています。

　ですが、このことは必ずしも「小さい頃から英語に触れていなければならない」ことを意味するわけではありません。

　わたしを含め、成人してから英語を勉強し始めて、「ペラペラ」になったという例は枚挙にいとまがありません。発音面に多少のなまりが残ってしまうことはある程度避けられませんが、語彙・文法面については、ネイティブの言語能力に限りなく近づくことができます。

　大人のあなたも、今からでも十分に英語を身に付けることができるのです。そして、第二言語習得論は、そのためのカギとなるのは、**いかに効果的に英語のインプットを蓄えるか**だと言います。

> 臨界期を過ぎていても、文法のコアを押さえた上で十分なインプットを行えば問題ない

間違った思い込み 3
「海外に長く住めば、誰でも英語を話せるようになる」

　いわゆる帰国子女の方を見ていて、「海外暮らしが長いと、やっぱり英語が流暢だなぁ。うらやましいなぁ。ずるいなぁ」と思ったことのある方は少なくないはずです。何を隠そう、わたしも大学入学当初、帰国子女の同級生に強い憧れがあったのと同時に、少なからぬルサンチマン（劣等感）を抱いていました。

　ですが、彼らが英語を流暢に話せるようになるのは、恵まれた環境に身を置いたからでもなく、天性の語学センスが与えられたからでもなく、自身の類いまれな努力に負う部分が多いのです。

　二つの言語を同時に獲得し、流暢に操ることのできる人のことを指して一般的にバイリンガル（bilingual）といいます。外国語学習者はバイリンガルに対して憧れを抱く、あるいはバイリンガルになりたいと思うことが多いようです。

　しかし実は、バイリンガルがバイリンガルになるまでには、それ相応の対価を払っている場合がほとんどです。わたしは、身の回りのバイリンガルの人の話を聞くたびに、

自然な二言語使用環境に身を置いていたことというよりもむしろ、血の滲むような努力をしてきた結果なのだということを思い知らされます。

平日は慣れない英語で授業を受け、週末になると地域の補習塾のようなところに通い朝から晩まで日本語を勉強した結果のバイリンガルなのです。

したがって、ただ単に海外暮らしが長ければ外国語を流暢に操れるようになるというわけではありません。たしかに、海外に暮らしていれば自然と外国語のインプットは増えていきます。しかし、そのような恵まれた環境にいても、主体的な学習を避けていれば、身に付くものも身に付きません。

第二言語習得論に則っていうならば、**主体的な学習モードの切り替え**を行わなければ、インプット（受信）をアウトプット（発信）に、そしてアウトプットをただのアウトプットからコミュニケーション（相互理解）に変えることはできない、ということです。

結局のところ、学習成果は個人の努力による部分が少なくないのです。言い方を変えれば、海外で暮らしていた経験と、高い英語力を保持しているということとの間に、直接的な関係があるわけではないのです。

成人でも、努力次第で相当の英語力を身に付けることが可能です。そして、その高い実用的な英語力習得のカギは、学習のステージに応じて、どう学習のモードを切り替えていくかにあります。

> なんとなく滞在したり留学したりしても英語は身に付かない。意識的な「モードの切り替え（『受信→発信』『発信→相互理解』）」が不可欠

間違った思い込み 4
「ネイティブと同じレベルにならなければいけない」

　ネイティブの英語力を最終目標とすることは、悪いことではありません。実際、書店に並ぶ英語教材を見てみると、「ネイティブの英語力」「ネイティブの表現」などという謳い文句の書籍を頻繁に目にします。ですが、度を越した完璧主義的学習観はちょっと考えものです。というのも、ネイティブのように話さなければならないというプレッシャーから学習に行き詰まってしまう方がかなり多くいるからです。

　最低限押さえるべきことを押さえた上で、思い切りの良

さをもって話すことができれば、ビジネス現場での実践的な英語使用の必要最低条件はクリアできます。決して、ネイティブのように話さ「なければならない」というわけではないのです。

　日本の教育システムは、全体的に「完璧主義」を助長する性質が色濃いようにわたしには思われます。100点満点の、減点方式でのテストがその代表例といえるでしょう。わたしは完璧主義それ自体が悪いものだとは思っていません。しかしながら、完璧を目指すあまり萎縮してしまい、外国語を使う際に欠かせない「思い切りの良さ」が犠牲になってしまうのは少々考えものです。

　これは、一見したところ、先ほど述べた「文法学習」に関する話と矛盾するように見えるかもしれません。もちろん、文法的・発音的な正しさを意識することは、コミュニケーションを成立させるための大事な要素です。しかしながら、**「正しくなければ、話せない」というのでは本末転倒**だ、ということです。

　特に大人になってからもう一度英語を学習し直そうと思ったら、文法面や発音面での不安を完全に拭い去ることは難しいものです。もちろん、なかには努力の末ネイティブ顔負けの発音を身に付ける人もいます。しかしながら、ビ

ジネスパーソンにとって英語学習の肝は、ビジネス現場で活躍するための英語力を身に付けることにあります。

ネイティブ並みの流暢な英語を話せるに越したことはないのですが、学習目標は必ずしもこの限りではないということです。学校での英語学習ではなかなか実現できませんが、ビジネスパーソンの実用のための英語学習では、「文法面」でも「マインドセット面」でも、完璧を目指しつつも、完璧ではない状態を許容するという「いいとこ取り」が許されてしまうのです。

ですが、ただ英語学習を進めていれば、その「いいとこ取り」をできる、というわけではありません。「いいとこ取り」を可能にするためには、自分の話している言葉について、常にさまざまな側面において意識的であることが必要です。そのための方法は**「モニタリング」**と呼ばれており、また、この技術をうまく使いこなせる人が語学習得の上手な人であることが、第二言語習得論の研究から明らかにされています。

> いきなりネイティブのようになろうとするのはNG!
> 自分の英語力を常にモニタリングして、徐々に高い
> レベルを目指す

間違った思い込み 5
「結局、語学は才能だ」

　語学学習の成功は個人の努力に負う部分が多いというのは、ここまで述べてきた通りです。それでも、「やはり語学は才能の問題」という認識を持ってしまう方もいるでしょう。結論から言えば、やはりこれも間違いです。

　本書の冒頭に紹介した藤井さんは、必要にかられ、必死の努力をした結果、英語力を飛躍的に向上させました。もしも語学学習に関して人並みはずれた何か特別な才能があったのならば、中学・高校のとき、または社会人になって自分で英語学習をしていたときに、それがなんらかの形になって表れていたはずです。しかし実際は、そのような特別な才能ではなく、地道に学習を続けることによってレベルアップを成し遂げたのでした。

　「努力をすることも才能の一つだ」という言い方があります。もしそうだとしても、本書を手に取り、ここまで読み進めてきた皆さんは、それだけの意欲、つまり、努力をする才能がある方々です。あとは、その意欲を語学学習につなげていくだけです。

人は、内発的、ないしは外発的な動機づけが高まることで必死になり何かを成し遂げようとする環境適応能力を持った生き物です。語学学習の入り口に立つだけの努力ができる才能さえあれば、あとはその努力が自然に続くような仕組みを作ってしまえば良いのです。

　語学学習を成功させるためには、外発的な動機づけのベクトルを調整し、適切な学習方法で目標を達成していくことが不可欠です。そこで大事になってくるのが、**学習方法をカスタマイズし、学習を継続させる**ことなのです。

> 才能よりも動機づけ。語学学習を継続できるよう、学習方法をカスタマイズしていく

　さて、ご自身の今までの学習観を振り返ってみて、上記五つの思い込みのうち、いくつ思い当たる節がありましたか？　二つ以上身に覚えがあるという方は、これまで「間違った学習観」で英語を学習してきてしまったために、悪循環に陥っている可能性が大です。

　グローバルビジネスの現場で役立つ英語力を獲得するためには、学習内容と学習プロセスの両方を整理する必要があります。

本書の提案する「文法学習」、「インプット」、「モードの切り替え（『受信→発信』『発信→相互理解』）」、「モニタリング」、「カスタマイズ」というプロセスは、それぞれ第二言語習得論に基づいた効果的な英語習得法となっています。さらに、この順序で学習を進めていくこともまた、理論の示す効率的なメソッドなのです。

今のあなたの英語学習法、大丈夫?

「できない人」が陥りやすい「ムダな学習方法」

　企業研修に携わっていると、さまざまな英語学習者に出会います。あるときわたしは、学習者の様子から、彼らを「できる人」と「できない人」にざっくり分けられることに気付きました。

　とはいえ、「できない人」が本当に「できない」ということはまずありません。大多数は先ほど述べたような思い込みもあり、「適切な学習方法が分からない、知らない」というだけなのです。しかしそのために、どれだけ学習をしてもできるようになっている実感が得られず、「できる人」との差が開いていってしまいます。

　そのような「できない(と思い込んでいる)人」の学習方法を見ていると、次のような悪い学習習慣を持っており、これがさらなる悪循環を引き起こしているように感じられます。

1. 文法学習や単語学習など、
   語学学習の一側面だけをやっている
2. 英語を一からやり直そうとしている
3. 「すぐ身に付く」「〜時間でやる」などの、
   即効性を謳う学習方法を渡り歩いている

　結論からいうと、第二言語習得論から見てもこういった学習方法にはむだが多く、理にかなっているとは言い難いものです。今までのご自身の学習を振り返ってみて、思い当たる節はありませんか?

「できる人」は何をしているか?

　では、この悪循環を断ち切るためにはどうすればいいのでしょうか?　それはずばり、**「できる人」の学習方法をまねすればいいのです。**

　第二言語習得論の関連分野に、「できる人」の学習方法を解き明かして、効率的な学習方法を模索する研究領域があります。まずは先ほどの「悪い学習習慣」について、「できる人」と「できない人」を比べてみることにしましょう。

「できる人」は四技能を満遍なく学習している

まずは、「できない人」の学習方法で一番多い、文法学習や単語学習など、語学学習の一側面だけを集中的に行うというやり方です。一側面を集中的に学習することは、「弱点を克服する」という目的のためにはあながち間違った方法とは言えません。しかしながらこれは、大学受験や資格試験などのテスト勉強の方法としては有効であるものの、ビジネスパーソンに必要となる実用のための英語学習には少々不向きです。

ビジネスパーソンの英語学習に必要なのは、**「英語の総合力」**です。単語学習だけをやっていても英語の総合力はあまりアップしません。「できない人」は、「単語だけやっていればなんとかなるだろう」「文法を学び直せば足がかりにはなるだろう」と考え偏ったアプローチに陥っているのです。単語なら単語を覚えると目の前の課題に一生懸命に取り組んではいるものの、これでは成果は上がりません。

一方、「できる人」の英語学習は、言語能力を満遍なく伸ばすための学習をしている傾向があります。言語能力には四技能とも呼ばれる、**リーディング、リスニング、ライティング、スピーキングという四つの側面**があります。こ

のような側面を総合的に育てることが重要であり、そのためのアプローチを、第二言語習得論では「**総合アプローチ（eclectic approaches）**」と呼んでいます。

「できる人」は
大人にとって効率の良い順序でやり直している

　次に多い問題は、中学・高校で習ってきた英語をそっくりそのまま「もう一度やり直そう」とすることです。英語に限らず、学習には基礎練習が付きものです。千里の道も一歩からと言うように、基礎学習は熟達への確実なアプローチであることは間違いありません。

　しかしながら、中学・高校でやった基礎をもう一度やり直すというのは、あまりうまいやり方とは言えません。

　というのも、成人する前とした後では、頭の使い方が大きく変化するからです。中学・高校の学習内容は、成人前の学習者にとって分かりやすくなるように配慮されています。そのため、基礎をやり直すということ自体は間違っていませんが、「**成人の頭で効率よく学び直す」ことを念頭に置いた基礎固めが必要となるのです。**

　幸いなことに、成人の言語習得の順序には、ある一定の法則があるらしいということが近年分かってきています。この効率のいい学習順序は、「**自然順序仮説**（natural order hypothesis)」と呼ばれ、理論的に体系化されてきています。

「できる人」はしっかりと時間をかけて学習を進めている

　最後に、「すぐ身に付く」「〜時間でやる」などの、即効性のある学習方法に飛び付くという習慣についてみていきましょう。これは、非常に悪い習慣であると言わざるを得ません。

　近年、即効性の高さを売りにした教材がたくさん売り出されています。英語学習に限らず、ダイエット、フィットネス、美容など、さまざまなジャンルで「即効性」というフレーズには魅力があるようです。ですが、ビジネスパーソンの実用のための英語学習にとって、この「即効性」は、往々にして仇になるとわたしは考えています。

　実際問題、わたしは自分が指導した受講生しかり、知り合いしかり、このような即効性の高さを売りにした教材を使って英語学習をした方で、実用に堪えうる英語力を身に付けたという人を一人として知りません。

　企業研修に携わる同業者に尋ねてみても、やはり誰一人としてこのような教材で英語を身に付けたという人を知らないと言います。むしろ、即効性に飛び付いてみた結果、

効果が感じられなかったという人ばかりです。

　さらに、第二言語習得論の**「インプット仮説（input hypothesis）」**でも、言語習得のためには十分な時間をかけて知識を蓄積していくことの重要性が指摘されています。

「できる人」になるためにしなければならないこと

　以上を踏まえると、「できる人」になるためにしなければならないことは、概ね次のようにリストアップできます。

1. 語学学習のあらゆる側面（四技能）を満遍なく学ぶ
2. 中学・高校で習ってきた英語を
「大人の頭で効率良く」やり直す
3. 半年程度じっくり時間をかけ、学習を積み上げていく

　学習方法についての正しい認識を持てましたか？　本書はこの考え方に基づいて、大人の6カ月間やり直し英語学習プログラムを提案していきます。とはいえ、本書をさっと読んだだけで英語のやり直しができて、半年後にはTOEICが200点アップするというわけではありません。半年間という短い時間で成果を上げるためには、相応の努力が必要であるということもぜひ覚えておいてください。

第1部
第1章
まとめ

- [ ] 英語学習者は

  間違った思い込みを持っていることが多い

  ① 文法を学習しても、話せるようにはならない

  ② 小さい頃から英語に触れていなければ、手遅れだ

  ③ 海外に長く住めば、誰でも英語を話せるようになる

  ④ ネイティブと同じレベルにならなければいけない

  ⑤ 結局、語学は才能だ

- [ ] これらの思い込みは、

  間違った学習観を形成することがある

- [ ] 「できる人」と「できない人」では学習の仕方が違う

- [ ] 「できる人」になるためには

  ① 語学学習のあらゆる側面(四技能)を満遍なく学ぶ

  ② 中学・高校で習ってきた英語を

  「大人の頭で効率よく」やり直す

  ③ 半年程度じっくり時間をかけて、

  学習を積み上げていく

第2章
第二言語習得論に基づく、もっとも効率的な学習マニュアル

　第1章では、「できる人」と「できない人」にはそれぞれ共通点があるということを述べましたが、これはわたしの「主観」や「直感」に頼ったものではありません。実はこの共通点は、科学的にも証明されているのです。

　それが、先ほどから何度も登場している**第二言語習得論**であり、英語ではSecond Language Acquisition、この頭文字を取ってSLAと呼ばれこともあります。日本ではあまり一般に知られてはいないのですが、外国語の学習を科学的に考える研究分野で欧米で盛んに研究されています。

　外国語学習が「できる人」の特徴というのは日本人が英語を学ぶシーンに限ったものではありません。母語とは別の外国語をうまく習得していくことのできる人には共通する学習の特徴があります。その特徴を研究する領域は特に、**「良い学習者**（Good Language Learners）**」**、あるいはその頭文字を取ってGLLとして知られています。

1960年代に端を発する、比較的息の長い研究課題で、50年近くたつ今もなお多くの学者が取り組んでいるテーマです。

指導法に確固たる裏付けを求めたわたしは、社会人入学制度で東京大学大学院博士課程に進学し、このGLLという研究分野を応用して、日本人ビジネスパーソンにとってもっとも効果的な英語やり直し学習プログラムを構築していきました。大学院での理論構築と、それに基づく企業での現場実践（アクション・リサーチ）を通して、学習の基礎で踏まえるべき項目と手順をすべて洗い出していったのです。

その学習プロセスを要約すれば次の6ステップとなります。この順序は、言語学習の世界で「科学的に正しい」とされる学習順序になっています。**学習内容とその順番をきっちり守って英語を学んでいくことが成功のカギ**です。逆に、これらの要素をバラバラに学習したところで、あまり効果は期待できません。

また、藤井さん以来数々のビジネスパーソンをこのメソッドで指導してきたことから、それぞれのステップにかけるべき適切な時間も分かってきました。それも合わせて、

ここに掲載いたします。

❶ 文法のコアを、自然順序仮説に沿って学習する
……2カ月

❷ 十分な量の英語をインプットする ……2カ月

❸ 「受信型の英語」から「発信型の英語」へ切り替える
……2週間

❹ 「発信型の英語」から「相互理解のための英語」へ
切り替える ……1カ月

❺ 自分の英語をモニタリングする方法を身に付ける
……2週間

❻ 学習方法をカスタマイズし、学習を継続する

今一度強調しますが、❶→❻の順序で確実に駒を進めていくことが英語学習を成功へと導くカギになります。やみくもに、あるいは場当たり的に学習しても、また挫折するということになりかねません。

それでは、それぞれのステップについて簡単に見ていきましょう。

文法には必要最小限のコアと、自然な習得順序がある！

　英語学習に基礎は欠かせません。それは疑いようのない事実です。ですが、英文法という言葉を聞いただけで、ある種のアレルギー反応を起こしてしまう人も少なくないでしょう。

　これにはもしかしたら、受験期のトラウマが関係しているのかもしれませんね。

　ご安心ください。実用英会話のためには、英文法をある程度「暗記」していることが必要ですが、英語コミュニケーションのための「暗記」と、受験英語の「暗記」は本質的に異なるものとなっています。

　英語を使って仕事をしているビジネスパーソンの話す英語を注意深く分析してみると、驚くほど簡単な語彙や文法を使って話していることがほとんどです。

　また、語彙や文法が簡単なだけでなく、同じ語彙や表現を何度も繰り返し用いています。この、**コミュニケーションのために必要な最低限の文法項目を、本書では「文法のコア」と呼ぶことにします。**

ただし、いくら文法のコアが必要最小限のものであり、学びやすいものであるといっても、それを暗記し、知識を定着させるにはそれ相応の労力がかかることは確かです。この文法のコアをやみくもに覚えようとしても、これまでと同様の学習の悪循環を繰り返してしまうだけです。

　文法のコアを効率よく暗記して使えるようにするためには、**自然順序仮説という「大人の頭で分かりやすい順序」で学ぶことが大事です。**この順序で文法を理解していけば、それぞれの学習項目同士が互いにつながりを持って理解でき、結果的にこれからの学習を手助けしてくれます。

　6カ月プログラムの場合、このステップには2カ月ほどを充てるのが良いでしょう。

> まずはじっくりと時間をかけて、大人の頭で分かりやすい順序に従って、「文法のコア」を押さえる

日本人学習者に決定的に足りないのはインプット

　文法が分かった後は、徹底的に英語のインプットを行っていきます。インプットを始めてから英語学習の効果が表れるまではかなりの長い時間がかかると言われ、一説には約2000時間とされています。中学・高校で800時間ほど英語を学習したとはいえ、まだまだインプットが足りないということです。このステップでは、**とにかく量をこなすこと**をメインに考え学習を進めていきましょう。

　とはいえ、リスニングやリーディングをする際に、ただ聞き流し・読み流しをしていればいいというわけではありません。効果的にインプットを行うためには、リスニングやリーディングの際、センテンスの意味だけでなく、文法構造にも注意を向ける必要があります。

　学習期間も文法学習と同じく２カ月ほど充てることをお勧めします。英会話など、より実践的な練習により多くの時間をかけたくなるかもしれませんが、インプットをしっかりと重ねるほうが、結果的に近道となります。

かなりの時間をかけて、目や耳から大量の英語を吸収していくわけですが、どのような英語でもいいわけではありません。**効果的なインプットのための、適切なレベル感**というものがあります。実践編では、適切なインプットをたくさん体に染み込ませるための教材についても紹介していきます。

　　文法を押さえた後は、大量のインプット

インプットだけでは
ビジネスで使える英語は身に付かない

　大量のインプットが完了したら、今度は、これまでのようなただ理解するだけの**「受信型の英語」**から、自分の意思を伝えるための**「発信型の英語」**へと、学習モードを転換していきます。

　これまで中学・高校で習ってきた英語は、基本的には「受信型の英語」です。ですが、ビジネスで必要なのは「発信型の英語」です。これは、皆さんも肌で感じている通りでしょう。ビジネスにおける「発信型の英語」の最たる例が、英語によるスピーチやプレゼンテーションです。

　実践編で紹介する教材をもとに2週間程訓練すれば、大量のインプットのおかげもあり、「発信型の英語」は案外早く身に付くはずです。

　　十分なインプットを行った後で、受信型から発信型
　　へとモードを切り替える

「発信型の英語」を
「相互理解のための英語」へ

「発信型の英語」の素地ができたら、今度は**「相互理解のための英語」**へとモードの切り替えを図ります。ところで、「発信型」と「相互理解」はどう違うのでしょうか?

分かりやすく言うと、「相互理解」というのは、「受信」と「発信」の両方を同時に行う、ということになります。実際にやってみると、これがなかなかに難しいことに気付くはずです。学習期間は、たっぷり1カ月を充てましょう。

「相互理解のための英語」を学習するには、ネイティブを相手に会話をしてみることに勝る学習方法はありません。実践編では、「英会話教室」を選ぶコツとともに、その他の学習方法を併せて紹介していきます。

> 発信ができるようになったら、受信と発信を同時に行う相互理解のモードへ切り替える訓練をする

伸び悩みを打破する「モニタリング」

「文法学習」→「大量のインプット」→「発信型の英語への切り替え」→「相互理解のための英語への切り替え」と学習を進めていく過程で、少しずつ「自分がどんな英語を話しているのか」が気になってくるものです。英語の熟達度が上がってくれば、「ネイティブのように上手に話せているのか」と不安になったりもするでしょう。

また、英語力の伸び悩みを感じる人が出てくるのもこの頃です。このステップにきた学習者がさらに学習を進めていくためには、自分自身の話す言葉を常にチェックし、自分自身で改善していくための**「モニタリング」**と呼ばれる技術が必要となります。

英語そのものの学習とは少し違うスキルですが、モニタリングがうまくできればその後の学習がスムーズに進みますし、うまくモニタリングできていれば「自分がどうして伸び悩んでいるのか」に気付くことができます。そうすれば、このまま学習を続けても無駄なのでは……、といった不安に悩まされることがなくなります。

このスキルを身に付けるのは6カ月プログラムの最後の2週間です。今までの学習成果をモニタリングによってチェックし、最終の仕上げを行うというわけです。

　そのモニタリングを行うための練習方法としては、「シャドーイング」が有効です。実践編では、モニタリングの技術を身に付けるためのシャドーイングの方法を紹介します。また、英作文練習を利用したモニタリングのテクニックについても紹介していきます。

　自分の話している英語を客観的にモニタリングすることで、さらなるレベルアップを図る

努力に頼らず語学学習を継続させる

さて、先ほどのモニタリングまでで6カ月のプログラムは一通り終了となります。しかし、学校での英語学習とは違い、**ビジネスパーソンの英語学習には終わりがありません。**

語学学習は一生の鍛錬です。とはいえ、「好きこそものの上手なれ」ということわざがあるように、「好き」だとか「楽しい」という気持ちがなければ語学学習を継続することはできないでしょう。だからこそ、学習教材として「自分が興味関心のあるもの」を探していくことが重要になってきます。

興味関心のある教材選びに、科学的に正しい方法というものはありません。なので実践編では、学習スタイルを自分でカスタマイズするためのヒントを紹介していきます。

語学学習を継続できるような仕組みを作る

第1部 第2章 まとめ

- [ ] 第二言語習得論というのは、外国語学習の科学である
- [ ] 科学的に効果的な英語学習プロセスがある
  - ① 文法のコアを、自然順序仮説に沿って学習する
  - ② 十分な量の英語をインプットする
  - ③「受信型の英語」から「発信型の英語」へ切り替える
  - ④「発信型の英語」から「相互理解のための英語」へ切り替える
  - ⑤ 自分の英語をモニタリングする方法を身に付ける
  - ⑥ 学習方法をカスタマイズし、学習を継続する

第2部

英語学習マニュアル

実践編

第1章
英文法の自然な習得順序に沿って、文法のコアを押さえる

　ここから、英語学習のステップを具体的に紹介していきます。まずは最初のステップである「英文法」を見てみましょう。

　英語学習にはさまざまな側面がありますが、その中でもダントツに人気のないものの一つが「英文法」です。「英文法」という言葉を聞いただけで受験期のトラウマが呼び起こされ、やる気を失ってしまう人も少なくないはずです。

　しかし、藤井さんもそうだったのですが、大人になってから英文法をやり直してみると、案外すんなり理解できて、なおかつ意外と楽しいという感想を持つ人がほとんどなのです。これは一体どういうことでしょうか？

　実は、英文法は、発展途上で柔らかい子供の頭よりも、ちょっと硬くなってしまったけれども、**論理的な思考ができる大人の頭のほうが学習に向いている**のです。

これは、英文法学習だけに限ったことではありません。「学校ではよく分からなかったけど、大人になって学び直してみたら、すっと理解できた！」ということがよくあります。これは、子供の頃はまだ十分培われていなかった「論理的思考」によるものです。

　ただし、いくら論理的に思考ができるからといっても、文法項目を片っ端から覚えようなどとしたら切りがありません。これでは今までの文法学習と一緒で、学習の悪循環に陥ってしまいます。大人の頭で効率よく覚えられる順序で、必要な項目（文法のコア）に絞って学習していかなければなりません。そこで、本書では次の二つの考え方を文法学習に導入します。

1. 自然順序仮説に基づいた順序で文法を提示する
2. まずは文法のコアに絞り、
　　それを徹底的に押さえるようにする

「文法学習は面倒くさい」という声を多く聞きますが、短期間で英語学習の目標を達成するためには、英文法をしっかりと確実に押さえることが絶対に必要です。

　2カ月を目安にたっぷりと時間を使って、文法のコアを確実に習得しましょう。

自然順序仮説に基づく文法学習の順序とは？

　外国語学習を科学的に探究する第二言語習得論という分野では、これまでに外国語学習に関するさまざまなことを解き明かしてきました。

　そのような研究成果の中で、わたしたち外国語教育に携わる人間にとってもっとも有益なものの一つが、「**自然順序仮説（natural order hypothesis）**」と言われるものです。

　かいつまんで説明すると、自然順序仮説というのは、特**に大人の学習者が英語を習得していくときには、ある一定の決まった順序が見られる**ということを示しています。つまり、この順序を意識して文法を学習していけば、文法をすんなりと理解できるということです。

　この自然順序仮説に沿って作られた、初級者が英文法を独習できる夢のような教材はないものでしょうか？

　実はなんと、あるのです！　それは、"Basic Grammar in Use" (Raymond Murphy、Cambridge University Press) という教材です。日本語版も出版されており、『マーフィーのケンブリッジ英文法（初級編）』（Raymond

Murphy、Cambridge University Press）という書名で店頭に並んでいます。文法の例示と豊富な練習問題が付いている、一冊やり通すだけでかなりの力を付けることができる教材です。

実際、多くの学習者がこの教材を使って文法が理解できるようになったと実感しています。何を隠そう、実はわたし自身、この教材を使って学習したおかげで、それまで断片的だった英文法の知識を整理し直すことができました。

さて、6カ月のプログラムの中で、この文法学習にはどれくらいの時間をかけるべきでしょうか？ 結論から言うと、この文法学習には最低でも1カ月半、できれば2カ月かけてください。

6カ月のうちの3分の1を文法学習に充てるというのは、相当なロスであるように思えるかもしれません。しかしながら、**文法学習は大人の英語学習すべての要**となります。文法に関する理解が揺らいでいると、後々大きな障害を生み出すことになりかねません。

英文法が分からないと、帰国子女でも伸び悩む！！

　一つ、おもしろい例を紹介しましょう。以前、あるビジネスパーソンの文法のやり直しレッスンを受け持ったことがあります。その方は、アメリカに暮らしたことのある帰国子女で、流暢な英会話が可能で、どのような話題でも難なくついていくことができました。英会話にこれといって不自由はなく、TOEICも830点という彼が、「英文法を勉強し直したい」と言ってきたのです。これは一体、どういうことなのでしょうか？

　詳しく話を聞いてみたところ、とんでもない問題が浮上してきました。なんとなく音で覚えているフレーズを使ってコミュニケーションをとれた気になっているが、リーディングやライティングなど、複雑な文法が要求されるようなものについてはまったく対応できず、ほとほと困り果てているというのです。英文法を勉強したくても何から手を付けたらいいのか分からず、途方に暮れているということでした。

　そこでわたしは、先ほど紹介した文法教材の中級編を使い、英文法学習のやり直しと文法知識の整理を徹底的にお手伝いしました。3カ月の徹底的な英文法学習で彼の英語

力は飛躍的に伸び、TOEICで925点を取ることができました。
「こんなに変わるなら、もっと早く英文法を勉強しておけばよかった」「これが分かっていれば、何年間も英語学習でくすぶる必要はなかったのに」と、彼自身が結果に驚いていたのをよく覚えています。

とにもかくにも、まずは英文法！

　英文法の徹底的な学習というのは、これほどまでに後々の学習に響くものなのです。「ある程度英会話ができるようになってから英文法を勉強しよう」などと考えている方は、ぜひ覚えておいてください。それは、問題を先送りにしているだけです。
　英文法の学習はいつやるかに差があるだけで、上級者になるためには必ず通る道なのです。そうであるならば、そしてこれからやり直すのであればなおさら、いち早く土台作りをしておくことを強くお勧めしたいと思います。
　ではさっそく、先ほど紹介した『マーフィーのケンブリッジ英文法（初級編）』というテキストを使って英文法を学んでいきましょう！　と言いたいところですが、おそらくそれだと多くの人が挫折してしまうでしょう。

この文法教材を実際に手に取ってみると分かるかと思いますが、この本はかなり分厚く、文法項目は115個以上のユニットに分かれています。忙しいビジネスパーソンがこれ一冊をやり切るのは、時間的にも心理的にも難しいものがあります。

　そこで、6カ月プログラムという短期決戦でわたしがお勧めしたいのは、マーフィーのテキストで英文法を学習し始める前に、本書の付録を利用して「文法のコア」となる項目をまず押さえてしまうことです。こうすることで、時間的にも心理的にも、その後の学習を有利に進めることができるはずです。

　本書を使って文法のコアを押さえた後は、いよいよマーフィーのテキストを使って文法を補強していってください。ただし、あまり細かな項目にとらわれる必要はありません。

文法のコアを徹底的に押さえる

　英文法の学習に苦手意識を持っている人の多くが、「覚えることが多すぎる」「似たような項目がありすぎる」と感じているようです。しかし実は、英文法に限らず、文法学習の本質は「暗記」ではありません。

　むしろ、ある**言語体系の根底にある規則を理解すること**が、文法を学習するということなのです。

　そして、英文法という体系の根底にある規則の中には、学習の初期段階にいち早く押さえておかなければならない項目というものがいくつかあり、これを本書では「文法のコア」と呼んでいます。

　ビジネスパーソンが実用のために英語を勉強する場合、重箱の隅をつつくような英文法項目に目を向ける必要はありません。大事なのは文法のコアを徹底的に理解することです。

　文法のコアをまず把握することで、徐々に裾野を広げていくことも可能になります。幸いなことに、この文法のコアにあたる学習項目は驚くほどわずかです。

「肯定文、疑問文、否定文」を理解することと、**「品詞の役割」を理解する**こと、この二点に尽きるのです。

　英文法学習はこれからの学習すべての肝になってきます。本書は英語学習マニュアルであって、英語学習教本ではありませんが、その重要性から、英文法のコアを速習できるテキストを付録に用意いたしました。
　英文法のコアをしっかりと押さえることができるようになるまで、繰り返し読み込んでください。

　英文法に関してはマーフィーのテキストが絶対にお勧めなのですが、どうしても肌に合わない、他の教材も知りたいという方のために、他のお勧め教材もいくつか挙げておきます。

自己学習の参考資料

初級者向け（TOEIC：〜 430）

『**チャンク英文法**』（田中茂範他、コスモピア）

　文法項目を「チャンク」と呼ばれるカタマリで捉えることで、英文法学習の負担を軽減し、実践に使える考え方を提案してくれる一冊です。

中級者向け（TOEIC：400 〜 670）

『**英文法の論理**』（斎藤兆史、NHK ブックス）

　英文法を学習する際の基礎固めに最適の一冊です。分かりやすい解説が本書の特長で、英文法にまつわる長年の疑問の多くを解決してくれるでしょう。

上級者向け（TOEIC：670 〜）

『**英文法解説**』（江川泰一郎、金子書房）

　英文法がくまなく網羅されている一冊です。難しい英文法事項を丁寧に解説しているので、学習でつまずいたときに立ち戻る辞典としても役立つでしょう。豊富な例文も本書の特長です。

第2部
第1章
まとめ

- [ ] 英文法は、すべての英語学習の基礎となる
- [ ] 英文法には、理解しやすい学習順序（自然順序仮説）がある
- [ ] 自然順序仮説に沿って作られたテキストが『マーフィーのケンブリッジ英文法（初級編）』
- [ ] まずは文法のコアをしっかりと押さえる
    ①「肯定文、疑問文、否定文」を理解する
    ②「品詞の役割」を理解する
- [ ] その後、マーフィーのテキストに取り組む

第2章
「i＋1」の難易度で2000時間のインプット

　文法のコアを押さえ、2カ月かけて英文法を固めたところで、今度は**インプットを蓄積**していくステップに移ります。英語学習を進める上で意外と見過ごされているのが、このインプットを蓄積するステップです。

　効率良く英語を習得するためには、大量のインプットが欠かせません。そのため、このステップにもたっぷり2カ月かけていきます。

　ある程度英語が聞けて、喋れるという状態になるための第一歩は、ある英語表現を聞いた、あるいは見た経験が十分にあるという状態（すなわち、十分なインプット）を作り出すことにあります。ビジネスパーソンとして実用に堪えうる英語学習をしたいのであれば、インプットが命です！

効果的なインプットの方法とは？

　さて、インプットが命だと言うのであれば、「文法の学習に２カ月もかけないで、もっともっとインプットの蓄積に時間を割いたほうが良いのでは？」と疑問を持つ人もいるかもしれません。

　たしかに、未成年の柔らかい頭であれば、とにかくインプットを蓄積するという方法もある程度、英語習得に効果があることが知られています。

　しかし、頭の中に論理構造のできあがった大人が学び直す場合には、少々事情が異なります。スポンジのようにインプットを吸収する力が失われてしまった一方で、論理的思考ができるようになった大人の頭は、インプットを蓄積するときに「なぜそのような英語が文法的なのか」ということを判断できるだけの素地（＝文法のコアの理解）を必要とするのです。それがないままインプットを与えても、高い学習効果は得られません。

　文法がすべての学習の基礎となる、というのはこのような理由からだったのです。

インプットの王道はリスニング

　効率的なインプットを行うためには、文法のコアを押さえること以外にもコツがあります。それは、インプットの方法です。インプットの方法は主にリスニング（音声）とリーディング（文字）の二つですが、ずばり、**効率的なインプットのためには、リスニングがなにより**です。

　日本人英語学習者の多くはリスニングを不得手としています。しかし、実用のための英語学習の効果的なインプットは、基本的にはリスニングを通して行います。

　これには、言語の本質は「文字」ではなく「音声」にあるという科学的根拠があります。文字というのは、言語を記録するために後付け的に登場したものです。そのため、文字を扱うためにはある程度頭の中に音としての言語が蓄積されていることが前提となるのです。そのような理由から、ビジネスパーソンの実用英語に限らず、言語学習は音声を基本に考えるべきというのが定説です。

　リスニング力が向上すれば、リーディング力もそれにともなって上がってきます。もちろん、リーディングをマスターするにはそれ相応のトレーニングが必要です。

しかし、本書の目標であるビジネスパーソンにとっての、つまり、ビジネスシーンでのコミュニケーションを目的とした英語習得においては、リーディングの比重はさほど高くありません。したがって、専門書を読み解くような、リーディングの特別なトレーニングは不要です。

難易度は、今の自分のレベルよりちょっとだけ上

さて、一口に英語をインプットとすると言っても、そこにはさまざまな難易度の英語が存在しています。適切なレベルのインプットとはどのようなものでしょうか？

ある英語を読んだ、あるいは聞いたときに、意味がまったく理解できない状態でインプットを蓄積し続けても、あまり効果はありません。反対に、易しすぎる英語をインプットし続けても、それはそれで効果が薄いものです。

第二言語習得論によると、適切なインプットのレベルは中間言語（interlanguage）と呼ばれる、現時点での言語能力のレベルよりちょっとだけ上だとされています。

ちなみにこれは**「適切なインプットのレベル＝ｉ＋１」**という公式として示されることもあります。中間言語のレベル(i)よりも、ひとつ上のレベルという意味です。

具体的な目安としては、単語15個中1個が分からない程

度の英語と考えてください。また、この章の後半でTOEICの点数と市販の教材とのおおよその対応関係を紹介してありますので、そちらも参考にしてください。

インプットの効果が表れるまでには2000時間……半年の学習で間に合わせるには？

さて、インプットするべき英語の具体的なレベルが分かったところで、今度はこれをどのぐらいの時間をかけてやればいいのかについて考えていきましょう。

理論的には、インプットを蓄積し始めてから学習の効果が表れるようになるには2000時間必要だと言われています。日数に直せば、およそ83日です。これが途方もない時間であることが実感いただけたのではないでしょうか？

忙しいビジネスパーソンにとっては、絶望的な数字ともいえます。

しかしご安心ください。先ほどの藤井さんの例を思い出してみましょう。彼の場合、1カ月半、つまり約45日でかなりの上達ぶりを見せたわけですが、45日間ずっとインプットを行ったとしても、2000時間には到底届きません。

それにもかかわらず、彼は飛躍的に英語力を向上させました。

その理由は二つあると、わたしは考えています。一つは、わたしたち日本人は中学・高校と勉強してきたこともあり、一定量のインプットを実はすでに蓄積しているということ。もう一つは、**文法のコアを理解してからインプットを蓄積**し始めたことです。

　文法のコアを押さえてからインプットを行うことで、インプットの効果が表れるまでの時間を短縮できるというのは、まだ科学的に実証されているわけではありません。しかし、わたしがトレーニングに関わったビジネスパーソンのほとんどがこのプロセスで上達していることなど、この仮説を支持する事例が集まりつつあります。

　普通にインプットを蓄積していった場合にその効果が表れるのに2000時間必要だというのは間違いないことだと思いますが、文法のコアを習得してからインプットを蓄積することで、つまり、インプットの方法を工夫することでこの時間を短縮することが可能であると、わたしは考えています。

質より量をこなす

ここまで、インプットのレベル感と、そのための学習方法を紹介してきました。ここで、次のような疑問を持つ方もいるかもしれません。
「量よりも質が大事なのでは？」
実は、これこそ英語学習を失敗させてしまう間違った考え方なのです。理論的にも、そしてわたし自身の実感としても、**英語学習において量よりも質が問題になるのは、もっと後のステップになってからです**。初級者の場合はなおさらで、このステップにおいては、なによりもまずは量をこなすことを考えてください。

英語ができるようになりたかったら、
毎日ピーナッツを食べなさい!?

学習の初期段階で質を追い求めないのは、効率的な学習という点だけでなく、ある落とし穴を避けるためにも重要なことです。ここで、初級者が量よりも質を追い求めたらどうなるか、わたし自身の経験をもとに紹介いたしましょう。

大学生時分、量よりも質を高めるのが英語習得の近道だと考えていたわたしは、英語の達人と名高い先生に、「どのようにしたら、学習の質を高めることができますか」と相談に行ったことがあります。しかしそこで頂いたのは「質よりもまずは量をこなしなさい」という叱声でした。

　意外な返答にうなだれているわたしに、先生は少し考えた後で、「英語ができるようになりたかったら、毎日ピーナッツを食べなさい」とおっしゃいました。

　当時19歳だったわたしは毎日ピーナッツを食べることの意味がよく分かりませんでしたが、とりあえず、毎日ピーナッツを食べようと決めました。しかし、結局三日坊主に終わってしまいました。

　それから何週間かたち、その先生と偶然キャンパスで遭遇したときです。先生が、「ああ、きみか、ちゃんとピーナッツを食べ続けているかね？」と話しかけてきました。そこで正直に、「先生、実は……」と告白しました。すると今度は、「ああ、そうだろうね。でも、そのことは大した問題じゃないんですよ。ぼくが本当に意図したことが何か、気付きましたか？」と問いかけてきました。

　何も答えられずにいると、「ピーナッツを食べ続けることができないというのはつまり、英語学習の質を高める以

前の、学習することそのものの習慣ができていないということなんです。勉強の質を高めたとしても、文章を見たときにスムーズに読めない英語は、スムーズに喋ることはできません。勉強の質というのは、そういうものです」とおっしゃいました。

その日以来毎日、ある程度の分量の英語を何度も何度も読み返す作業を続けるようになりました。ただ飽きもせず、毎日毎日、同じ教材を読み返していきました。

半年ぐらいたったある日、英会話の授業である変化に気が付きました。それは、以前よりもスムーズに話せるようになっている、ということでした。そして、自分が使っている英語をよくよく分析してみると、実はそれが、毎日の音読練習で何度も読み返した文章で慣れ親しんだ「文法の形」をしていることに気付いたのです。先生がおっしゃっていたことの意味がすっと腑に落ちた瞬間でした。

2カ月のインプットが終わっても、インプットを継続させる

さて、6カ月という短い期間の独習プログラムの中で、インプットにはどのくらいの時間を割いていくべきでしょうか？

正直に申し上げると、やはりたっぷり2000時間欲しいところです。が、それだと6カ月のプログラムの中では到底足りないことは明らかです。インプットの蓄積についてはこの6カ月のプログラムを終えても、引き続き行っていくことが前提となります。

　そのことを前提とした上で、半年後に一定の成果を出すためには、6カ月のうちの1カ月〜2カ月をかけて、たっぷりインプットを蓄積することをお勧めしたいと思います。

　教材は次に紹介するものの中から自分に合ったインプットのレベルと好みに従って自由に選んでいただいて構いません。とにかく毎日、ピーナッツを一粒ずつ食べるような意識で、**「1日5分でもいいから英語を聞くことを習慣化する」**ことを目指してください。

上質なインプットのためのお勧め教材

　本書のメソッドはすべてのレベルの英語学習者に有効ですが、メイン読者として想定しているのはTOEIC400点前後の初級者の方たちです。

　この、英語がなんとなく分かるぐらいのレベルの方にわたしが常々お勧めしている教材は、Voice of America (VOA) というアメリカのニュースサイトです。音声として英語をインプットできるのと同時に、なんとなくでしか分からない箇所のスクリプト（原稿）を読んで確認することができるからです。また、比較的ゆっくり読まれることが多いので、リスニングがまだ苦手という場合にもあまり抵抗なく聴けます。

　日本のニュースのほうがより抵抗なく聴けるという場合には、The Japan Times STというサイトがお勧めです。こちらも全文のスクリプトが掲載されているので、聞いただけでは分からなかった箇所を確認することができます。

　わたしも学生時代、これらを使ってインプットを蓄積していきました。毎日、朝と夜にVOAとThe Japan Times

STでニュースを聞くのを日課にしており、両親から「この子は、外国人になろうとしているのかしら」と心配されるほどでした。

　今思い返してみても、あの頃のインプットの蓄積が今の自分を作ったことは間違いありません。わたし自身もそうですが、今まで研修を担当したビジネスパーソンの方たちにも効果を実感していただいている教材なので、インプット面での学習教材としてはまず間違いありません。

　実際のところ、質のいい教材選びというのはなかなか骨の折れる作業です。参考までにリーディングのお勧め教材も紹介しておきましょう。それは、歴史に残る英語の名スピーチ、政治家の英語による名演説、有名実業家の英語プレゼンなどです。
　コスモピアから出版されているシリーズが非常に使いやすく、特に『スピーチの達人に学ぶ！英米リーダーの英語』（鶴田知佳子・柴田真一）がお勧めです。

　最後に、レベル別のお勧め教材をまとめて紹介いたします。先ほどの教材が「ｉ＋１」になっていないと感じた方は、こちらを参考に教材を選んでいってください。

自己学習の参考資料

リスニング教材

初級者向け（TOEIC：〜430）

『ニュース英語のリスニング 基礎編』（森田勝之、DHC）

　ラジオなどのニュース英語は、生の英語を聞く教材としてよく勧められます。本書はそのようなニュース英語をリスニングするコツを紹介するものです。トップダウン式というリスニング方法が本書の特徴です。

『はじめてのシャドーイング』
（鳥飼玖美子監修、学習研究社）

　リスニング力を上げる方法の一つに、同時通訳者などがよく用いるシャドーイング（併せ読み）があります。大意はなんとなく分かるけれど細かい部分の聞き取りが苦手、という方にお勧めです。

中級者向け（TOEIC：400〜670）

『ニュース英語のリスニング』（森田勝之、DHC）

　初級者向けの教材として紹介した「基礎編」の姉妹版です。実際のアメリカのニュースをもとに、トップダウン式で聞き取るためのコツを紹介しています。細部にまで集中

して聞き取りをしたい方にお勧めの一冊です。

> **リーディング教材**

中級者向け（TOEIC：400〜670）

『基本からわかる 英語リーディング教本』

（薬袋善郎、研究社）

　個々の単語の意味から文章の大意はつかめるけど、細かなニュアンスまでは分からないという方にお勧めの一冊です。Framework of Reference という理論を使い、文章の意味を正確に把握するための基礎固めを行います。

『TIME を読むための 10 のステップ』（薬袋善郎、研究社）

　リーディングのための最適な教材の一つにニュース雑誌があります。Time 誌は、世界で起きているさまざまな話題を上質の英文で紹介している知的雑誌です。この雑誌を読むためのコツを紹介するのが本書です。英字新聞や雑誌を無理なく読み続けるためのコツも紹介されています。

上級者向け（TOEIC：670〜）

『思考力をみがく 英文精読講義』（薬袋善郎、研究社）

　中級者向けで紹介した『基本からわかる 英語リーディング教本』の姉妹編です。英語長文を読み解く際には、「情

報構造」という考え方が重要になります。本書は、情報構造をスムーズに捉える方法を紹介するものです。上級のリーディング力を身に付けて、英語を正確に理解したいという方に最適の一冊です。

第2部 第2章 まとめ

- [ ] 効果的なインプットの方法はリスニング
- [ ] 今の自分のレベルより
  ちょっとだけ上のレベルの教材を使う
- [ ] 6カ月プログラムの1〜2カ月をインプットに充てる
- [ ] 結果が表れるまでは2000時間かかるということを
  認識して、継続を怠らない
- [ ] 初級段階では、質より量をこなすことを考える
- [ ] 上質なインプットを与えてくれる教材を選ぶ
- [ ] 毎日ピーナッツを食べる意識で、
  英語を聞くことを習慣化する

第3章
十分なインプットを
アウトプットに切り替える！

　文法を押さえ、インプットを蓄積したら、次は学習のモードを切り替えていきます。

　文法学習やインプットというのは、どちらも受け身の英語といえます。これは、学習のモードとしては、わたしたちが中学・高校で受けてきた英語の授業と同じです。そのため、ほとんどの人にとって、**「積極的な英語」**へとモードを切り替えるのは初めての経験となってきます。

　だからこそ、注意が必要です。「学習の癖」というのはなかなか侮れないもので、そう簡単に抜けるものではありません。実用のための英語学習をしているつもりでも、どこか受験期の学習方法を引きずったままという人が案外多いものです。

　ここまでで受け身の英語学習は完了です。ここからは、しっかりと意識して、学習のモードを切り替えていきましょう！

ビジネスパーソンにとって必要なのは「発信型の英語」だとよく言われます。第二言語習得論でも、「受信型の英語」と「発信型の英語」とがはっきり区別され、それぞれ別のトレーニングが必要だとされています。

　そしてさらには、「相互理解のための英語」という、もう一歩先のモードへと切り替えていく必要があるとされています。

　本章と次の章で、次の二つのモード間の切り替えを行っていきます。

・**その1**：「受信型の英語」から「発信型の英語」
・**その2**：「発信型の英語」から「相互理解のための英語」

モードを切り替える!
「受信型の英語」から「発信型の英語」へ

なぜ、発信型の英語に転換する必要があるのか?

　先ほども述べた通り、受験英語は「受信型の英語」です。その代表例として、リーディングの試験について考えてみましょう。リーディングというのは、書いてあることを読んで、その内容を正確に把握し、書き手の言わんとすることをきちんと理解できるかが高得点のカギとなります。

　このような受験期の学習の癖が原因で、実用のための英語学習においても、気が付かないうちにテストのための英語学習をしてしまっている方が多くいます。とはいえ、現在多くの企業がTOEICを用いて英語力を測っているため、テストのための英語学習がすべて無駄であるとは言えません。

　ただ、はっきりしているのはTOEICも受験英語と同様、「受信型の英語」の熟達度を測るテストであるという点です。近年、TOEICにも別枠でスピーキングとライティン

グの試験が導入されました。しかし、多くの企業が、結局のところリスニングとリーディングによるスコアを重視しているため、実情はまだまだ「受信型」と言って差し支えないでしょう。一般的には、リーディング、リスニング、ライティング、スピーキングという四技能の能力がだいたい足並みを揃えて伸びてくるものなので、「受信型の英語」の力が高ければ「発信型の英語」の力も高いだろうと推測できます。

しかし、わたしたち日本人の場合、学習があまりに「受信型の英語」に偏っているため、「受信型の英語」の力の高さが、必ずしも「発信型の英語」の力の高さを意味しません。

つまり、リーディングやリスニングといった「受信型の英語」の試験対策をするだけで「発信型の英語」の力が付くなどというのは、残念ながらあり得ないことなのです。

結論は非常にシンプルで、「発信型の英語」に切り替えるためには、**学習の焦点を「リスニングとリーディング」から、「スピーキングとライティング」に切り替えていく**ことが必要です。

このような発信をメインとする言語習得方法は、第二言語習得論では「**アウトプット仮説**（output hypothesis）」

と呼ばれます。理論的にも、「受信型の英語」と「発信型の英語」がはっきりと区別されているということです。

もちろん、発信のためには、その基盤となる文法のコアの理解と十分なインプットが必要となりますので、ここまでの努力は無駄にはなりません。ですが、文法学習とインプット学習を続けているだけでは、英語を使えるようにはなりません。

英語学習を始めてから4カ月というタイミングを目安に、発信を中心とした学習に切り替えていきましょう。

インプットを重ねてもアウトプットにつながらない！
最近話題の"聞き流し"練習について

さて「発信型の英語」、ことスピーキングとなると、最近話題の「聞き流しているだけで、英語が口から溢れ出してくるようになる」というような謳い文句で誘ってくる英語教材のことを思い浮かべる人もいるでしょう。

聞き流しているだけで英語が口をついて出てくるようになるなんて、まさに夢のような話ですね。ですが、わたしの知る限り、あの手の教材を試してみた方のほとんどが、この目標が本当に「夢」で終わってしまっているようです。

ここまで本書を読み進めてきた皆さんには、その理由は

もう明らかかもしれません。それはもちろん、「受信型の英語」と「発信型の英語」では、そもそもモードが違うからですね。

さらにもう一つ、初級者にはあの教材が合わない理由があるとわたしは考えています。大量のインプットを行うということそれ自体は、非常に理に適ったものです。ただしその場合、インプットのレベルは「ｉ＋１」が適切なのでした。

ですが、本書が想定しているような、TOEIC400点前後の初級者にとって、あの手の教材は少々レベルが高すぎるようなのです。事実、わたしの研修に参加された受講生の中にも、あの手の教材を使っている方（or使ったことのある方）が何名かいたのですが、ほとんどの方が難しすぎるという印象を持っていました。

インプットを効果的にアウトプットに変換するためのトレーニングとお勧め教材

「発信型の英語」に切り替えるトレーニングを開始するまでに、皆さんは文法のコアを押さえた上で、インプットをたっぷり蓄積してきました。この前提であれば、「発信型の英語」への切り替えトレーニングにかける時間は、2～3週間ほどで十分です。

文法学習やインプットの蓄積に比べて時間が短いのには理由があります。それは、この「発信型の英語」への切り替えは、次章で紹介する**「相互理解のための英語」への切り替えの前段階**という性質が強いからです。

このステップでは、「受信型の英語」からの脱却ができれば十分。次の「相互理解のための英語」への切り替えにこそたっぷり時間をかける必要があります。

ではさっそく、具体的なトレーニング方法とお勧め教材をご紹介いたしましょう。

SNSを活用して「発信型の英語」のトレーニング

「発信型の英語」へ学習モードを切り替える良いトレーニ

ングとなるのは、なんといっても実際に英語を使って発信をしていくことです。具体的には、**英語の短文をどんどん作っていく**ことです。

しかし、このような発信が大事だということは理解できていても、思ったことを英語の文章にして発信していくことは、「受信型の英語」のトレーニングしか受けてきたことのないわたしたち日本人には、なかなか困難です。

そんなわたしたちにぴったりのお勧めな方法が、FacebookやTwitterなどの、SNS(Social Networking Service)を用いた発信です。

近年、ビジネスパーソンの間でもSNSを使う人の割合が増えてきています。連絡先の交換と同時に、FacebookやTwitterなどでもつながるということも最近増えてきているように感じています。それだけSNSが身近なものになったということです。

そのSNSに搭載されている「つぶやき機能」が「発信型の英語」のトレーニングにうってつけなのです。

まず第一に、SNSでのつぶやきはリアルタイムのやりとりではないため、言いたいことをある程度考え、内容をまとめてから発信することができます。ある程度自信の持てる英文をひねり出せるまでじっくり考えてから発信でき

るということです。もちろん慣れてきたら、できるだけリアルタイムに近いスピードで発信していくように、自分の中で切り替えても良いでしょう。

さらに、「つぶやき」は他の人の目に触れることになるので、必然的に**読み手を意識したトレーニング**となります。もちろん、「プライバシーだから知られたくない」「他の人に自分の英語のつぶやきを見られるのは恥ずかしい」と感じる方もいると思います。その場合は、「自分だけしか見られない設定」にしたまま発信をするというので構いません。読み手を意識したトレーニングにはなりにくいかもしれませんが、心理的なハードルが学習の妨げになってしまっては元も子もありません。

つぶやく内容は、"Today, I had lunch with a good friend of mine at a Chinese restaurant in Shibuya. We had a great time." のような簡単なもので構いません。まずは発信することが大切です。

ネットでつぶやく以外にも、ノートを一冊用意して、英語で日記をつけるという方法もあります。どのような媒体を活用するにせよ、大事なことは、蓄積してきたインプットを、「発信型」の学習に切り替えてアウトプットしていくんだという意識です。

短文から始めて徐々に長文にし、暗唱する

「発信型の英語」のトレーニングを始めてしばらくは、ごくごく短い文章の作成が中心になってしまうと思います。少し慣れてきたら、**意識的に文章を長くしていくように**心がけてください。

そして、短文でつぶやくことに慣れてきたら、今度は**長文を作って暗唱する**というトレーニングを取り入れていくのが良いでしょう。長文を作って覚えるのは苦痛という方も多いと思いますが、このトレーニングはとても効果的です。

ある程度まとまりのある文章を強制的に脳に覚えこませることで、脳の外国語を学習する部位が活性化するという効果も期待できますし、使いやすいフレーズを音で覚えられるというメリットもあります。

外国語を上手に話している人の言葉をよくよく分析してみると、同じ言い回しやフレーズがかなり多発することに気付きます。外国語に限らず、わたしたちの会話は多くの場合、どこかで聞いたことのあるフレーズを「再利用」しているのです。

したがって、ある程度の分量を脳に覚えこませ、脳に聞いたことのあるフレーズを半ば強制的に叩き込むことで、フレーズを再利用する能力を強化することができます。

長文を覚える作業は、「発信型の英語」という点からすると遠回りに思えるかもしれませんが、「急がばまわれ」ということわざの通り、結果として外国語を早く習得する助けとなります。

「発信型の英語」をさらに磨くとっておきの方法！

「発信型の英語」へ学習モードを完全に切り替えるためのもっとも効果的な方法は、ややハードルが高いかもしれませんが、**英語のスピーチを作って、それを何度も繰り返し読んで覚える**ことです。スピーチには、自分の言いたいことをまとめて発話するという、「発信型の英語」の要素がすべて含まれているからです。

しかしこれは、特に初級者にとっては大きな負担であると感じられるでしょう。たしかにこれは、例の公式で言うところの「ｉ＋１」を超えているとわたしも思います。

ですが、スピーチを作って覚えるという作業自体は、じっくりと時間をかければ、実はそれほどの負担にはなりません。またおもしろいことに、わたしの知る限り、英語の

熟達者は例外なくどこかしらのタイミングでスピーチを作り、何度も繰り返し読んで暗唱した経験を持っています。そして彼らの多くが、スピーチをしたおかげでその後の英語学習が急に楽になったと感じているのです。

実際にスピーチを作成する場合、分量としては、ゆっくり読んで3分〜5分ぐらいのものが良いでしょう。

わたしはビジネスパーソンに英語を教えるとき、学習過程のどこか、「ここぞ」というタイミングでスピーチの練習を取り入れるようにしています。もちろん藤井さんにもやってもらいました。

自分で作ったスピーチを何度も暗唱することは、インプットを蓄積させる効果もあります。わたしはこのときに得られる良質のインプットによって、英語力が急上昇するのを幾度となく目撃してきています。

そしてもちろん、スピーチを行うことによって、それまでの「受信型の英語」が「発信型の英語」に切り替わっていくことも目撃してきています。

ここで問題になってくるのが「スピーチを作るのはいいけれど、果たして作ったスピーチが文法的に正しいのか分からない。間違っていた場合にも、どう直せばいいのか分

からない」ということだと思います。

　これについてはやはり、ネイティブの先生に見てもらって、チェックしてもらうことが一番です。その際、発音のチェックも一緒にしてもらうとなお良いでしょう。

　ですが、ここで大事なのは「完璧な英語を話そう」とすることではなく、あくまでも学習モードを切り替えることです。チェックをお願いできる方が身近にいない場合でも、ひとまずスピーチを作り上げてしまうことをお勧めします。

「発信型の英語」のためのお勧め教材

「発信型の英語」のトレーニングを行う際にわたしがお勧めしている教材は『感動する英語』(近江誠、文藝春秋)という本です。これは、キング牧師のスピーチなど、歴史に残る名スピーチの音読練習をするための教材ですが、自分のスピーチをブラッシュアップする助けになってくれる一冊です。

　他のお勧め教材についても、レベル別にリストアップしておきます。

自己学習の参考資料

初級者向け（TOEIC：〜 430）

『英米リーダーの英語』（鶴田知佳子・柴田真一、コスモピア）

　ケネディー大統領、オバマ大統領、チャーチル首相、エリザベス女王など、英米リーダーたちのスピーチを聞き、練習する一冊です。それぞれのスピーチが生まれた歴史的背景を丁寧に解説してくれているので、無理なく学習できます。

中級者向け（TOEIC：400 〜 670）

『起業家の英語』（米山明日香・佐野正博、コスモピア）

　スティーブ・ジョブズ、ビル・ゲイツなど、世界を代表する起業家の生のスピーチやインタビューを収録している一冊です。収録されているスピーチの数が多く、一つ一つのトピックが長くなっているのが特徴です。

上級者向け（TOEIC：670 〜）

　上級者の方は書籍に頼る必要はありません。CNN（Cable News Network）や BBC（British Broadcasting Corporation）のニュースなどに登場する有名人のインタビューやスピーチなどを学習教材としてみてください。

第2部
第3章
まとめ

- [ ] 「受信型の英語」モードからの切り替えが必要
- [ ] 切り替えには、

　　「受信型の英語」から「発信型の英語」

　　「発信型の英語」から「相互理解のための英語」

　　という二段階がある
- [ ] 「発信型の英語」への切り替えは短期間で済ませ、

　　「相互理解のための英語」への切り替えに時間を割く
- [ ] まずはSNSを利用して、短い文章を書いてみる
- [ ] 徐々に文章を長くしていき、暗唱する
- [ ] 「発信型の英語」をさらに磨くには、

　　スピーチ原稿を作り、何度も繰り返し読み、暗唱する

第4章

アウトプットから相互理解へ

発信の次は相互理解

「発信型の英語」への切り替えがある程度できてきたところで、次は「相互理解のための英語」へとさらなる切り替えを図ることが大事になります。前章で紹介したのは、これまでの受験英語に代表されるような「受信型の英語」、つまり、リスニングとリーディングに焦点を当てた学習方法から脱却して、特にスピーキングに主眼を置いた「発信型の英語」への切り替えでした。

次の段階は、ただ一方通行的に「発信」するだけではなく、相手の言っていることをしっかり受け止めて、「会話のキャッチボール」をする。つまり、**コミュニケーションのための英語学習**です。

「相互理解のための英語」とは?

「発信型の英語」と「相互理解のための英語」とでは、そもそもどう違うのでしょうか? 前者はスピーチ、後者はプレゼンテーションに代表されるような言語使用だと考えてください。

　スピーチというのは、自分であらかじめ用意していたことを、その場で話すという作業です。

　それに対しプレゼンテーションは、聞き手の反応を意識しながら、細かな話の調整をその場でやっていかなければなりません。もう一つ、プレゼンテーションには質疑応答の時間があります。予期せぬ質問がきたときに対応する力も求められます。

いつまでも英会話が苦手なのは、
相互理解のモードへ切り替えられていないから!!

　スコア上は英語上級者(TOEIC670〜)とされる方を見ていて思うことがあります。それは、「発信型の英語」はある程度できているのですが、自分の言いたいことを淡々と述べているだけで、「会話のキャッチボール」にはまだなっていない、ということです。

英会話の先生相手だと「発信型の英語」を使っていると十分会話が成り立っているように感じてしまうのですが、実際のビジネス現場で本当に必要なのは、相手の言っていることを踏まえた上で話を進めていく「相互理解のための英語」です。

上級者とされる方も多くが、「発信型の英語」モードのまま「相互理解のための英語」へとモードを切り替えきれていないため「自分はいつまでたっても、話せるようにならない」と思い込んでしまい、学習の悪循環を引き起こしてしまっています。本来であれば、この「相互理解のための英語」への学習のモード切り替えは、もっと早い時期（TOEIC600点前後）に行われていてしかるべきことなのです。
「TOEICの点数は高くても、なかなかうまく喋れない」という状況が生まれている理由は、ここにあります。

「相互理解のための英語」を学習していくためには、「発信型の英語」ができていることが前提となります。ですから、本書でも「発信型」→「相互理解」という学習プロセスを経ています。では、「相互理解のための英語」を学習するためには、具体的にはどうしたらいいのでしょうか？

結論から言うとそれは、**英語のネイティブを相手にコミ**

ュニケーションをする経験を積むことに尽きます。

そしてこの「相互理解のための英語」学習には、少なくとも1カ月を費やしてください。この1カ月に、どれだけ多く英語話者とコミュニケーションする時間を確保できるかが英語習得のカギとなります。

専門用語ではこの学習ステップを**「第二言語による交流（Second Language Socialization）」**、略してSLSと呼んでいます。

注意！「英会話教室」に通う前に基礎を確認！

ただし忘れてはならないのは、これまで学習してきた「文法のコア」、「インプットの蓄積」、「発信型の英語」が、英語を話すための下準備になっているということです。

ことあるごとに奮起して英会話学校に通ってみたりするものの、あまり効果を実感できないままに終わってしまうという方が多くいますが、これらの下準備ができていないまま急に高いステップのトレーニングに臨んでいた可能性があります。

「今年こそは英語ですらすら会話ができるようになってやる」という目標を立て、色々と取り組んでみるということ

自体は賞賛に値する行為ですが、そのためのアプローチはしっかりと考えておく必要があります。

英会話学校に通うのは、時間面でも金銭面でもそれなりの負担がかかります。独学でたどり着くべき領域までしっかりと到達してから、存分に活用しましょう。

良い英会話学校の見分け方
全外教に登録されているかをチェック！

さて、英会話学校に通うなら、どこがいいのでしょうか？ 巷には数限りなく英会話の学校があります。そのため、どこに通ったらいいのか判断できない、なんていう方も少なくないでしょう。

英会話学校もピンキリで、講師がネイティブであることだけを判断基準とするのは危険です。なかには、本国で就職できなかった人を日本に引っ張ってきて、ろくな教授法のトレーニングも受けさせずに低賃金で雇っているなんていうひどいところもあるからです。

そのような学校に通ってしまうと、「講師が一方的に話しているだけで、何を教わっているのか分からない」というようなことになりますし「レッスン時間に講師がいない」「何度もレッスンをすっぽかされた」というようなことすらもあるようです。

良い英会話学校を簡単にチェックするコツは、「全国外国語教育振興協会（全外教）」という団体に登録されているかどうかを確認することです。

　この団体には、「安心して通える、信頼できる語学学校」と判断された学校だけが加盟することができます。加盟校となるためには、経営、教育理念、実績など、さまざまな側面において一定の基準を満たしている必要がありますので、全外教に登録されている学校であれば、いわゆる不良外国人教師に当たってしまうリスクを最小限に抑えることができるはずです。また、もし万一、不良教師に当たってしまったとしても、きちんと学校が対応してくれます。

　全外教に加盟していない優良学校ももちろんありますが、安心して通うことができる学校を選ぶ基準の一つとして、覚えておいてください。

英会話学校を活用するコツはこちらが主導権を握ること

　最後に、英会話学校を最大限活用するコツを紹介しましょう。

　それは、**こちらが主導権を握る**ことです。具体的には、あらかじめ「レッスンで先生と何を話すか」についてのプランを立てておくことをお勧めします。

英会話学校は「話している気分にさせてくれる」場所です。実際、一言も発話しなくても、先生の話を聞いて相槌を打っているだけで、なんとなく英語で話をしている気分になってしまいます。

　ですから、英会話レッスンの日は「今日は、先生にこの話を聞いてもらおう」「これをこの順番で話そう」など、何を話すかをあらかじめプランニングしておくことが大事です。

　このプランニングのためには「発信型の英語」を使うことになります。そしてレッスンではもちろん「相互理解のための英語」を使うことになります。予習をしておくことで、自然とモードを切り替えるトレーニングにもなるのです。

　英会話学校を活用するもう一つのポイントは、**レッスンスケジュールを固定する**ことです。多くの学校が、受講者の都合に合わせてスケジュールを自由に変更できるようなシステムを採用していますが、これは学習を継続させるという面から見た場合、あまり良くないことが知られています。

　仕事の都合で変更になってしまうならまだしも、私用でスケジュールを変更することを一度許してしまうと、「じ

ゃあ、今回もまた次で良いか」というような甘えが生じ、結果として「あれ以来、行かなくなってしまった」ということになりかねません。

　レッスンのスケジュールをあらかじめ固定し、否応なしに通わざるを得ないようにした上で、他の予定をやりくりする、というのがお勧めです。

「相互理解のための英語」モードへ切り替えるためのお勧め教材

「相互理解のための英語」へモードを切り替える際は、ネイティブスピーカーを相手にした実践練習に勝るものはないでしょう。その際、日本人として「ついやってしまう」ようなうっかりミスはできるだけ避けたいものです。英会話練習をしつつ、以下のような教材を参考にするとさらにいいでしょう。

初級者向け（TOEIC：〜 430）

『グローバルビジネス英会話 Basic』（田中宏昌他、アルク）

グローバルビジネスの現場での実例をもとにした、英会話の即戦力を身に付けたい方にお勧めの一冊です。付属のCDで、リスニングの練習にもなります。

中級者向け（TOEIC：400 〜 670）

『グローバルビジネス英会話 Advanced』
（田中宏昌他、アルク）

今や英語を話すのはネイティブスピーカーだけとは限りません。ノンネイティブ話者と英語で仕事をするシーンで

役立つ情報が盛りだくさんの本書は、ビジネス英会話の練習ドリルとしても最適です。

『ネイティブも驚く英会話のコツ』(藤尾美佐、三修社)
「聞き取れなかったときの聞き返し方を知っていれば……」「さらに洗練された内容の伝え方を知りたい……」など、英語でのビジネス経験がある方ならだれしも一度は考えたことのある疑問や悩みに、55個のステップを踏んで答えていきます。

上級者向け(TOEIC:670〜)

『参加する！英語ミーティング』(田中宏昌他、コスモピア)
「英語でのミーティングやネゴシエーションに、あと一歩何かが足りない気がする」という方にお勧めの一冊です。英語のミーティングでは「参加する」というよりも、「貢献する」という考え方が必要になります。そのためのストラテジーを場面ごとに分けて紹介してくれています。

第2部
第4章
まとめ

- [ ] ビジネスのための英語には、「相互理解のための英語」への切り替えが必要
- [ ] このトレーニングにはたっぷり1カ月かける
- [ ] 一番のトレーニングは英会話
- [ ] しっかりと基礎が固まっていることを確認してからこのステップに取り組む
- [ ] 良い英会話学校を選び、活用する
  - 全国外国語教育振興協会に登録されている学校を選ぶ
  - レッスンではこちらが主導権を握る
  - レッスンのスケジュールを固定する

第5章
仕上げはモニタリング 自分の英語をチェックしよう!

　学習モードを「受信型の英語」→「発信型の英語」→「相互理解のための英語」と切り替えていく過程で、多くの方が「今の自分の英語のレベルは、どのくらいなのだろうか?」、あるいは「自分の話す英語は相手にどのように聞こえているだろうか?」ということを考えるようになります。

　このような思いが芽生えてきたということは、英語を話せる・使えるようになってきた証拠です。ここまできたら、やり直し学習はほぼ成功、最終ステップまできたと考えていいでしょう。

　一方でこのステップでは、英語の上達があまり感じられなくなり、ときに「自分はへんてこな英語を使っているんじゃないか」などという不安を募らせることもあります。

　成長の実感が得られないことからくる不安とそれによる成長の鈍化という悪循環に陥らないようにし、さらなるレベルアップを図るためのテクニックが**「自分の英語を監視**

すること」です。これは、自分の英語を常に振り返り改善点を模索し続けるテクニックで、第二言語習得論の中では**「モニタリング」**と呼ばれることもあります。

　モニタリングは自分の話している英語に常に意識を向け、それを評価するものなので、文法のコアが押さえられ、十分なインプットが蓄積され、「相互理解のための英語」へとモードが切り替えられていることが前提となります。
　モニタリングをしっかりと身に付けることができれば、英語を話せば話すほど英語の理解が深まっていくという「良い学習の循環」ができあがります。
　さて、このモニタリングのための練習ですが、そんなに長く時間を取る必要はありません。ここで大事なことは、モニタリングのテクニックを身に付けることです。英語のブラッシュアップはこの後もずっと続く作業ですが、モニタリング自体は２週間もあれば身に付けられるはずです。

モニタリングで気付く
ネイティブのような表現の罠

　モニタリングによって、ネイティブのような英語力に近づけていくことを目指し、日々改善を続けていくことになるのですが、これは決して、ネイティブのような話し方を身に付けることとイコールではありません。

　留学を経験した方の多くに見られる現象として、帰国後急にネイティブの「ような」話し方を始めるというケースがあります。しかし、これがくせ者なのです。

ネイティブのような表現を身に付けた仲間さん

　仲間光一さん（仮名）という大学生の例を紹介しましょう。彼は、半年間の交換留学プログラムを使って、アメリカのミシシッピ州にある提携校で英語を勉強することにしました。

　わたしは、勉強熱心な仲間さんがどのように成長して帰ってくるのか楽しみで仕方がなかったことを覚えています。半年後帰国した仲間さんから、久しぶりに会って留学の土産話をしたいという連絡があり、休日に彼と会うことにし

ました。そのとき、仲間さんは自分の英語力がどれだけ伸びたかを知りたいので、英語で会話をしたいと提案してきました。わたしはもちろん、快くその申し出を受けました。そのときの会話の一例は以下の通りです。

わたし：Hey.（握手をしながら）What have you been up to?（やあ、お元気でしたか。）
仲間さん：Yeah, kinda good（↗）. Yourself?（ええ、まあいい感じですね。あなたは？）
わたし：Oh, I'm alright. How was your stay in Mississippi, then? Was it of any value to you?（ええ、順調ですよ。ミシシッピでの暮らしはどうだったんですか。得るものはありましたか？）
仲間さん：Yeah, was great, you know（↗）. Like, I stayed there for half a year（↗）.（ええ、よかったですよ、あの、半年ぐらいいましたし。）
わたし：Oh, OK. So, tell me more about your life over there……（そうですね。向こうでの暮らしについて色々教えてください……）

　たしかに、会話力という面では進歩があったように見えます。留学前と比べて受け答えもスムーズになりましたし、

発話にも自信を持っているようでした。

ですが、それ以上にわたしが感じたのは、「面倒くさい人になってしまったな」ということだったのです。

仲間さんの発話には、ネイティブがよく使う言い回しが含まれていました。たとえば、"kind of"が縮まった"kinda"（ちょっと）という表現です。"like"（〜のような）や"you know"（その、あの）という表現もそうで、これらはネイティブが会話の途中、言葉に詰まったときなどによく挟む表現です。

そして、ここでは（♪）で示しましたが、ほとんどの発話が尻上がりのイントネーションになってしまっていました。これは、ネイティブの若者に見られる悪い（？）クセだと言われています。

つまり、仲間さんは留学によって、英語力そのものよりも「ネイティブの話し方のクセ」を身に付けてきてしまったのです。

ネイティブのような話し方は、英語ができない人にとってはときにかっこよく映ります。ですが、ネイティブのように話すことと英語力が伸びることとは、似て非なるものです。

実際、仲間さんが留学後に受けたTOEICのスコアは、

留学前よりも下がってしまっていました。仲間さんが留学後にわたしに会いたがったのは、英語力の向上を報告したかったのではなく、英語学習の相談をしたかったからだったのです。

仲間さんにモニタリングを実施してもらうと……

そこでわたしは「まずは、自分が使っている言葉を注意深くチェックしてみてください」と仲間さんに告げ、**話している言葉を録音して聞き直してみる**ことを提案しました。

自分の発話を、自分自身が理解できるかどうか確認させてみたのです。その結果驚いたことに、自分が話したはずの言葉であるにもかかわらず、何を話しているかが分からなかったと言います。

後日、わたしは次のように種明かしをしました。
「仲間さんは"kinda", "like", "you know"などのネイティブがよく使う表現を留学中に覚え、使い始めたようですね。これらの表現は『言いたいことを、ざっくり伝える』助けになる便利なフレーズです。それだけに、ついつい口をついて出てしまうものです。ですが、自分が本当に伝えたいことを口にしているわけではありません。つまり、仲

間さんは、伝えたいことをきちんと伝えるような働きかけを行っていなかったのです」

その話を聞いた仲間さんは「たしかに」という表情をされていました。

それ以来仲間さんは、ネイティブらしさ云々にはこだわらず、自分の使っている言葉を常にモニタリングするようになりました。そうして、**「話せるだけの英語」から「評価される英語」へシフト**することに成功しました。また、TOEICのスコアもグングン伸びて、今では800点を超えたということです。

「すぐ話せるようになる」の落とし穴

仲間さんのように、ネイティブのような話し方を身に付けてみたいと思っている方は少なくないでしょう。ですが、ビジネス実用としての英語習得を目指す方は、確固たる英語力を身に付けることのほうが大切です。

それだけに、英会話の教材で「○○時間で効果が実感できる」とか、「○○単語だけで言いたいことが伝えられる」といった、即効性を売りにしたものには注意が必要です。

それらの多くは、仲間さんが身に付けてしまったような

ネイティブが使う曖昧で便利な言い回しを「小手先のテクニック」として紹介しているにすぎないからです。

　このような教材にまったく意味がないと言いたいわけではありません。ある程度英語の話し方が身に付いてきた人が、自分の英語にネイティブらしさという「花を添える」ために使うのであれば大いに結構です。

　しかし、学習の初期段階でこのような教材に飛びついてしまうと、変なクセだけが身に付いてしまいます。それでは、コミュニケーションが取れているような錯覚を起こしてしまい、肝心の英語力が伸び悩んでしまうということになりかねません。

モニタリングを身に付ける
二つのトレーニング

　モニタリングを身に付けるために必要なことは、ネイティブのように話すことの真逆のことです。つまり、自分の発信する一語一語に注意を払って、ゆっくり、しっかり、文法のコアを意識するのです。

　そのためのお勧めの方法があります。それは、「**シャドーイング**（shadowing）」と「**ライティング**（writing）」の二つです。

「シャドーイング」でモニタリングの練習！

　シャドーイングとは、聞き取った音声をそっくりそのまま真似をして声に出すトレーニングです。聞こえてきた音に何秒遅れかで、あたかも影のようについていくことから、シャドーイングという名前が付けられています。

　シャドーイングはもともと同時通訳の練習方法として使われてきましたが、最近では外国語コミュニケーション能力を向上させる学習方法の一つとして注目を集めています。

　シャドーイングでは、なによりも丁寧に聞くことが求め

られます。だからこそ、モニタリングのトレーニングとしても最適なのです。

　シャドーイングの概要を聞いたときに、「真似して読むだけだから簡単だ」と思う方が大半です。しかしこれが、なかなか難しいのです。
　試しに、次の文章を、シャドーイングしてみてください。
（音声のダウンロードはこちらから↓
　http://www.d21.co.jp/shop/isbn9784799318270）

We visited New Zealand during the summer vacation. Our town has some sister cities there. We did not stay at a hotel. We stayed with a host family.

　いかがでしょうか？　思っていたより難しかったのではないでしょうか。
　シャドーイングは、「読む、聞く、話す」を同時に行う作業であり、ある程度会話に慣れた方にとっても難しいものなのです。

シャドーイングには四段階ある

 本格的なシャドーイングをいきなり始めるのはハードルが高いので、段階を経てステップアップしていくのが得策です。シャドーイングには、次に挙げる四段階があります。

- ❶ 書かれたものを見ながら音源を聴き、数秒遅れで真似して読む
- ❷ 書かれたものを見ないで音源を聴き、数秒遅れで真似して読む
- ❸ 書かれたものを見ながら音源を聴き、一センテンスを聴き切ってからセンテンスを再現する
- ❹ 書かれたものを見ないで音源を聴き、一センテンスを聴き切ってからセンテンスを再現する

 初級者の方は、当面は❶の練習を続けることをお勧めします。この方法は、「聴く音読」とか「併せ読み」とも呼ばれる方法で、シャドーイングの初歩のトレーニングとして用いられているものです。慣れてきたところで、❷の練習に切り替えていきます。

 シャドーイングの練習中は、ただ音を真似することだけ

に集中してはいけません。**文法構造を意識しながら聞いてください**。実はこの、シャドーイングのときに文法構造を意識しながら聞くという練習が、自分の話している英語をモニタリングするという作業そのものなのです。先ほどの文章くらいの長さを、何度も練習するようにしましょう。

シャドーイングの最終段階は、❸と❹で示した通り、「数秒遅れで真似をする」のではなく、一センテンス聴き切った後で音源を止め、聴いたセンテンスを再現するというものです。

英語の文法構造をしっかり意識しながら聞いて、頭の中で瞬時に作文し直して口に出して読むことから、この段階のシャドーイングを「聴作文」と呼ぶ方もいます（わたし自身、とても気に入っている呼び方です）。

数秒遅れで口に出す場合とは異なり、文法構造を完璧に把握できなければこの作業はできません。難易度の非常に高いシャドーイングだといえるでしょう。焦る必要はありません。ある程度シャドーイング練習に慣れてきてからこの方法を試してみてください。

シャドーイングの練習方法をもっと詳しく知りたい方は、章末に挙げた教材をご参照ください。

再度強調しておきますが、ここでシャドーイングを練習する目的は、ネイティブのような発音やイントネーションを学ぶこともさることながら、自分自身が話している英語を適切にモニタリングする力を養うことにあります。

　自分の話している言葉を常に正確にモニタリングできるようになれば、間違った発話をしたときに何が間違いなのかを自分自身で分析できるようになります。ビジネス現場で外国人を相手に英語で仕事をしているまさにその現場を、あなたにとって最高の英語学習の場に変えることができるのです。

ライティングでもモニタリング力UP

　シャドーイングを通して自分の英語をモニターする練習は、いわばリアルタイムで自分の英語をチェックする作業です。学習の初期段階では、このリアルタイムでのチェックでは見逃してしまうこともあるでしょう。

　そこで、モニタリング力を高めるトレーニングとして、ライティング（英作文）のトレーニングを並行して行うことをお勧めしたいと思います。

　なかでも効果的なのが、常に小さなノートを用意しておいて、その日起こった出来事を英語で書く（英語でミニ日

記をつける）という作業を続けることです。

ここでも、ネイティブのような言い回しを意識する必要はありません。また、必ずしも長いセンテンス、難しい表現である必要はありません。短いセンテンス、易しい言葉で構いません。大事なのは、**しっかり文法構造を意識して書く**ということです。辞書を引いて例文や用例をしっかり確認し、正しい文法を意識して書く練習をしましょう。

どこかのタイミングで
ネイティブ・チェックを受けるべし！

ライティングの練習は、初級者にとって特に効果的です。ですが、ライティングの練習を実際にやってみると、多くの方がある共通する問題に遭遇します。それは、自分が書いた英文が正しいかどうかを判断できないという問題です。初級者に限らず、上級者であっても自分の書いたものが合っているかどうかを判断するのは難しく、なかなか自信が持てないものです。

この「判断」に関する問題は、インターネットの登場によってかなりの程度解決されました。

お金さえ払えば英文を添削してくれるインターネットのサービスが今やごまんと存在しているからです。わたし自

身、書いた英語の原稿をネイティブにチェックしてもらいたい場合に、よくこのサービスを利用しています。

　また、お金を払わずにチェックする方法もあります。たとえば、Ginger英文チェッカーを始めとする、無料の英文添削ソフトです。ただ、このような英文添削ソフトを、わたしはあまり使っていません。今後こういったソフトの精度は日増しに高まっていくと思いますが、現時点では、やはり人の手によるチェックに頼らざるをえないことが、まだまだたくさんあると実感しているからです。

　皆さんの中には、もう既にネイティブの先生に就いている方もいるかもしれません。もしそうであれば、ぜひ、自分が書いた英文を毎週、ネイティブの先生にチェックしてもらってください。この作業は、自分の英語をモニタリングするためのとても有効な手段となります。

　シャドーイングと合わせて、始めてみてください。

　最後に、シャドーイングとライティングのお勧めの教材を紹介いたします。

自己学習の参考資料

シャドーイング

初級者向け(TOEIC:〜430)

『はじめてのシャドーイング』

(鳥飼玖美子監修、学習研究社)

　リスニング力を上げるカギとして同時通訳者などがよく用いるシャドーイングのテキストです。大意はなんとなく分かっても、細かい部分の聞き取りが苦手という方にもお勧めです。

『決定版　英語シャドーイング』

(門田修平他、コスモピア)

　科学的根拠に基づき、シャドーイングのやり方やこつを丁寧に解説してくれている一冊です。細かな音を確実に聞き取るためにシャドーイングを始めたいという方に特にお勧めです。

ライティング

中級者向け(TOEIC:400〜670)

『FIRST MOVES』(ポール・ロシター、東京大学出版会)

　短文を書くことはできるけど、それをどう論理的につな

ぎ合わせればいいのか分からないという方にお勧めの一冊です。パラグラフライティングや接続詞の効果的な使い方、文の繋ぎ合わせのコツも紹介してくれています。ビジネスライティングの練習にも最適です。

上級者向け（TOEIC：670〜）

『Active English for Science』
（東京大学教養学部 ALESS プログラム、東京大学出版会）

　英語で論理的にものを書くために必要な考え方を提供してくれる一冊です。豊富な例文や練習問題を通して、ビジネス現場で必要なライティング能力を養成することもできます。

| 第2部
第5章
まとめ |
|---|

- [ ] 最後の仕上げはモニタリング
- [ ] ネイティブのような表現でごまかさない
- [ ] モニタリングの練習として、シャドーイングを活用する
- [ ] ライティングにも並行して取り組む
- [ ] ネイティブ・チェックを受ける

第6章
学習方法をカスタマイズして学び続ける

　ここまでで、文法学習に2カ月、インプットの蓄積に2カ月、「発信型の英語」への切り替えトレーニングに2週間、「相互理解のための英語」への切り替えトレーニングに1カ月、そしてモニタリングの習得に2週間かけてきました。ここまでやるともう半年。6カ月の短期集中英語学習プログラムはここで終了です。

　ですが、**プログラムの終了が、英語学習の終了ではありません。**この6カ月間のプログラムは、英語を使ったコミュニケーションの入り口まで皆さんを連れていくものにすぎません。本格的な英語学習のスタートは、ここからです。

　ところで、英語学習において一番大事なことは何でしょうか？　それは、継続して学習を続けていくことです。英語の達人たちも、学習を継続してきたその集大成として高い英語力を身に付けています。努力せずに、楽に、短時間で英語を身に付ける方法というものは存在しません。

急がばまわれということわざの通り、英語を身に付けることが急務ならば、一見遠回りに見えても、着実に英語を身に付けていくのが結果として近道になります。そのような遠回りを惜しまない人のためのマニュアルが本書なのです。

　しかし、科学的な知見に基づく学習マニュアルを作れるのはここまでです。ここから先は、自分の興味関心やニーズに合わせた教材や学習方法を使って、つまり、自分で自分の学習方法をカスタマイズしながら学び続けることになります。
　本章では、そのためのヒントを紹介していきます。

学習方法をカスタマイズするヒント

教材は「自分が興味関心のあるもの」が一番

　英語学習を継続していく際、**教材**はどのようなものを使うのが良いのでしょうか？　結論から言えば、自分が興味関心のあるものに勝るものはありません。"What one likes, one will do best"（好きこそものの上手なれ）です。これを前提とした上で、第二言語習得論の点から見て効果的な教材がどのようなものかを、簡単に紹介いたします。

　第二言語習得論の関連分野に、言語学習の教材開発を扱う分野があります。この分野において有名な理論に「**4Cフレームワーク**（The 4 Cs framework）」と呼ばれるものがあります。応用言語学者のDo Coyle氏によって提案されたこのフレームワークによると、

(1) Cognition（認知）
(2) Culture（文化）
(3) Content（内容）
(4) Communication（意思の疎通）

という四つが、効果的な教材の要素だとされます(すべてCで始まっていることから、4 Csと呼ばれています)。

　まずは、その**内容を理解できるかどうか**(=cognition)です。どれだけ英語として素晴らしい内容であっても、難しすぎてその内容が理解できなければ意味がありません。反対に簡単すぎても学習効果が低くなってしまいます。「i + 1」という公式を紹介しましたが、まさにこの通りのことです。

　次は、その**教材が持つ文化的要素**(=culture)です。英語を勉強するということは、同時に英語圏の文化を勉強するということです。ですが、学習の初期段階ではこの要素にそこまで焦点を当てる必要はありません。

　次に**内容**(=content)ですが、これは言語学習において非常に重要な要素です。いくらレベル感が自分にちょうど良くても、いくら英語圏の文化をよく反映しているとしても、内容に興味や関心を持てなければモチベーションを持続することはできません。反対に、少々レベルが高いと感じられるような教材でも、本当に興味のある内容であるならば、効果的に学習を続けることが可能となるのです。

　そして最後に、学習した内容をもとに、英語での**意思の疎通**(=communication)のトレーニング(スピーチ、プ

レゼンテーション、英作文など）を行うことで学習内容がしっかり身に付くと言われています。

以上が、効果的な教材を選ぶときのヒントとなります。

スマホやタブレットを活用して毎日英語に触れる

学習方法のカスタマイズは、教材選びだけに限りません。**学習環境作り**もまた、重要なポイントです。

たとえば、よく挙がる自己学習方法に、興味のある内容の洋書を読むというものがあります。しかし、本を読む習慣のない人に英語で本を読め、というのは少々無理があります。いくら興味のある内容だからといっても、そもそも本を読む習慣がないのであれば、その学習方法は長くは続かないでしょう。

今だと、いつも使っているスマホやタブレットを活用して学習環境を整えるというのがお勧めです。

ゲームが好きな方であれば、英語のスマホゲームをやってみるという手があります。また、アプリの中にはイギリスのBBC (British Broadcasting Corporation)、アメリカのCNN (Cable News Network) などのニュース番組を視聴できるものもあります。毎日ニュースをチェックする

習慣がある方は、こういったアプリを使ってみるのも良いでしょう。日本のニュースを英語で聞きたい場合は、NHK WORLDが提供しているラジオサービスがお勧めです。

　余談ですが、わたしは学生時代に、英語のリスニング力を上げるために、NHK WORLD（当時はNHK Radio Japanという名前だったと記憶していますが）を毎日聞くことを義務づけていました。

　初めの頃は何を言っているのかよく分かりませんでしたが、とにかく我慢して聞き続けていました。やがて、少しずつニュース番組の聞き方が分かってきました。まず最初に流れるのはヘッドライン、その後、それぞれのニュースの細かな説明が続き、次に天気予報、最後にまとめ、といった具合です。

　これが分かったことで聴くのが楽しくなり、「好きこそものの上手なれ」と「継続は力なり」のうまいコンボが実現しました。今でも、耳慣らしのためにこのニュース番組をよく聴いています。

スマホやタブレットと会話をする

　スマホやタブレットは、スピーキングの練習に活かすこともできます。そのためには、英語の音声認識機能を使います。そして、たとえば、スマホやタブレットでちょっとした調べ物をするときは、英語で話しかけてみることにするのです。

　音声認識機能をうまく働かせるためには、ある程度のスピード感を持ってよどみなく話す必要があります。ですが、決して早口になる必要はありません。

　また、このとき大事なのは、しっかり自分の話す英語をモニタリングすることです。文法のコアをしっかり押さえて、しっかりと発話するようにしましょう。

　無料の英会話アプリというものもあります。よくできたアプリもありますので、気に入ったものをダウンロードして使ってみるのも良いでしょう。

　ちなみに、わたしが英語学習アプリとしてよくお勧めしているのは、"Duolingo"と"Memrise"です。

　Duolingoは、英語で他の外国語を学習するためのアプ

リであって、実は英語学習のためのアプリではありません。ですがもちろん、学習の指示がすべて英語で出されます。学習効果が高いと最近話題の「英語で学ぶ」というアプローチで、語彙、熟語、文法、ライティング、リスニング、スピーキングなど、さまざまな要素を学習できます。フランス語、スペイン語、イタリア語、ドイツ語などを楽しく学びながら英語も学べてしまうというもので、一石二鳥のアプリです。

Memriseは、どちらかと言うと単語を覚えることを中心とした仕様になっています。コンテンツは細かくレベル分けされていて、習熟度に合わせて学習を進めていくことができます。

多くの外国語学習アプリが無料で提供されています。試しに使ってみて、自分に合いそうなアプリを選んでいくというのでもいいと思います。大事なのは、自分の好みをしっかり理解して、学習方法をカスタマイズしていくことです。

学習ログをつけてモチベーションを維持する

　自分で学習をカスタマイズするステップで問題となるのは、「サボろうと思えばサボれてしまう」ということです。人は、自分自身に対して常に厳しくあろうとしても、ちょっとした気の緩みから甘えが出てしまう生き物です。それはある意味仕方のないことです。ですが、気の緩みから、せっかく軌道に乗ってきた英語学習がおろそかになってしまうということは是が非でも避けたいところです。

　この危機を回避する方法の一つは、**「学習ログ」**をつけることです。学習マニュアルを一通り終えた後は、基本的にはどのような学習方法をとっても問題ありません。ですが、むやみやたらに手を出すのは禁物です。

　自分の学習過程を記録しておくログがあると、それを定期的に見返すことで、自分に足りないものが何かを知ることができます。

　わたしの語学研究では、いつどのような学習をしたかを、次のようなフォーマットでまとめています。ログ自体は日本語でつけても構いませんが、英語でつければなお勉強になります。

学習ログ/Study Log

日付/Date	May 26th, 2015
教材/Material	Word Book, pp. 101-103
目的/Purpose	Input (vocabulary)
時間/Duration	40 minutes

内容/Contents

Today, I studied 30 new words. I read Word Book, from page 101 to 103. It was very difficult, but I enjoyed studying it. I think I have to study more English words. I want to communicate with foreigners in English very smoothly. (訳: 今日は新しい単語を30個学習した。Word Bookの101頁から103頁まで読んだ。とても難しかったが、楽しく学習した。もっと英単語を勉強しなければと思う。スムーズに外国人と英語で会話できるようになりたい)

いつ、どのくらいの時間、どのような内容で学習したのかを記録しておくことで、できていることといないことをしっかりと認識することができます。文法学習、インプットの蓄積、「発信型の英語」のトレーニング、「相互理解のための英語」のトレーニング、モニタリングによるセルフチェックをバランス良く実践することは、上級者になっても大事なことです。

自分が立ち返るべき「原点」を常に意識する

最後に、学習方法をカスタマイズしていく中で、**「立ち返るべき原点」**を明確に持っていることの重要性について紹介したいと思います。

学習方法をあれこれとカスタマイズしていくと、ときとして進むべき方向や自分の今いる場所を見失ってしまうことがあります。そのような、何をすべきかが一時的に分からなくなってしまったときには、英語学習の原点に立ち返ってみてください。

そんなときに立ち返るべき原点。それは、本書で紹介してきた学習ステップのことです。伸び悩んでいたり、学習方法が分からなくなったときは、再びこのマニュアルに戻ってきて、それぞれのステップを一つずつ点検してみてください。

ふと、わたしが社会人入試で大学院に戻り、第二言語習得論を学び始めた頃、バイリンガルの先生から次のようなアドバイスをいただいたことを思い出しました。

Good reading is like "スルメ". You know, when you eat "スルメ", you chew and chew and chew. But still, you can still taste it, right? So, I think good reading is like "スルメ".（いい読み物っていうのは「スルメ」のようなものです。スルメを食べるとき、噛んで噛んで噛み続けて、それでもなお味が出てきますね。そのようなわけで、いい読み物というのはスルメのようなものだとわたしは思っています。）

わたしはこの、大人のための短期集中英語学習マニュアルを書くにあたり、スルメのような本を目指しました。初級者はやがて中級者になり、ゆくゆくは上級者になっていくでしょう。上級者になった頃、もはやこのマニュアルは必要ないと思うかもしれません。ですが、上級者でも途方にくれることがあります。そんなとき、このマニュアルに立ち返ってほしいのです。きっと、学習の原点をもう一度見つけることができます。噛めば噛むほど味が出る。この本が、読者の皆さんにとってそんなマニュアルになっていれば、この上ない幸せです。

第2部
第6章
まとめ

- [ ] 本当の学びはここから
- [ ] 学び続けるために学習方法をカスタマイズしていく
- [ ] 自分が興味のある教材を選ぶ
- [ ] 毎日英語に触れる習慣を作る
- [ ] 学習ログをつける
- [ ] 迷ったときは、本書に立ち返る

第7章
学習マニュアルのおさらい
学習の手順を再確認！

　21世紀はグローバル化の時代です。このグローバル化社会で生き残っていくためには、実質的な国際公用語である英語を身に付けていることが大きな武器になります。

　また、2020年の東京オリンピック・パラリンピック開催に向けて、今巷では英語学習熱が再度高まっています。自分も英語ができるようになりたいと思ったことがある方は決して少なくないはずです。そして、その英語ができる自分を実現するためのマニュアルが、本書なのです。

　本書で紹介してきた手順を、ここでもう一度おさらいしておきましょう。まず、「できる人」と「できない人」は何が違うのか、そして「できる人」になるためには何をしなければならないのかを紹介しました。そして「できる人」になるための第一歩は、日本人英語学習者が陥ってしまう英語学習の代表的な五つの間違った思い込みを払拭することでした。以下のような思い込みはすべて間違いです。

- 文法を学習しても、話せるようにはならない
- 小さい頃から英語に触れていなければ、手遅れだ
- 海外に長く住めば、誰でも英語を話せるようになる
- ネイティブと同じレベルにならなければいけない
- 結局、語学は才能だ

　このような思い込みを持っている方の多くが陥りやすい「ムダな勉強方法」というものがあります。それは、「何時間で効果がある」とか「まずはこれだけ」などの、即効性を売りにした英語教材に飛び付いてしまうことです。もちろん、それらの教材がだめなわけではないのですが、自分のレベルに合っていなかったりする場合が多いのです。すると、そこから得られる効果も当然低くなります。

　効果的な外国語学習を科学的に探究している分野が、**「第二言語習得論（Second Language Acquisition）」** です。頭文字を取ってSLAとも呼ばれます。第二言語習得論は日本ではあまり表だって紹介されてきていませんが、英語学習に関するさまざまな有益な情報を提供してくれます。特に、大人のビジネスパーソンが英語をやり直す場合には、次のような必勝手順があります。

❶ 文法のコアを、自然順序仮説に沿って学習する
……2カ月

❷ 十分な量の英語をインプットする ……2カ月

❸ 「受信型の英語」から「発信型の英語」へ切り替える
……2週間

❹ 「発信型の英語」から「相互理解のための英語」へ
切り替える ……1カ月

❺ 自分の英語をモニタリングする方法を身に付ける
……2週間

❻ 学習方法をカスタマイズし、学習を継続する

　最初のステップは、**英文法のコアを押さえる**ことです。文法なんかなくても話せるといった風潮もありますが、大人が外国語を話す際、円滑なコミュニケーションを担保してくれるのは文法のしっかりとした理解です。伝わればいいという風潮に呑まれ、文法を無視した話し方をすることは、結果的にコミュニケーションを阻害してしまいます。

　文法のコアを押さえたら、次のステップは**インプットを蓄積する**ことです。レベル感は、「i＋1」と言われています。現在のレベルよりも若干高めの英語を、主にリスニ

ングを通して大量に取り込みます。効果が表れるまでは、時間にして2000時間だと言われています。あせらず、毎日じっくりインプットを蓄積しましょう。ここでは、質より量を重視してください。

　次のステップは、理解するだけの「**受信型の英語**」から、「**発信型の英語**」へのモード切り替えです。受験英語は受動的な英語だとされています。ですが、ビジネスで必要なのは能動的な、あるいは主体的な英語です。この学習モードの切り替えには、短い英作文やスピーチが役に立ちます。さらにその次は、**一方通行な「発信型の英語」から、双方向の「相互理解のための英語」**への切り替えです。英会話学校で会話練習を始めるのはここがベストタイミングです。くれぐれも、基礎が固まらないうちから英会話学校に通い始めるなどということは避けましょう。

　英会話練習の際、ネイティブのような話し方を意識する必要はありません。むしろ、文法のコアを意識しながら、ゆっくりでもいいので、整った文を発話するように心がけましょう。**自分の話す英語を常にモニタリングする**ことで学習効率は倍以上になります。モニタリングのためのトレーニング方法としては**シャドーイング**をまず紹介しました。

それに加えて、定期的に**ライティング**を行い、自分の英語をチェックすると良いでしょう。このとき、ネイティブ・チェックが学習の強い味方になります。

　ここまでできたら、最後は**自分の学習方法を自分の手でカスタマイズしていく**作業に移ります。好きこそものの上手なれ。教材は自分にとって興味のあるものが一番です。ここが英語学習の第二のスタート地点だと考え、学習方法をカスタマイズして、継続的に学んでいきましょう。そして迷ったときは、再び本書のマニュアルに戻ってきてください。

第8章

学習者からよく耳にする質問

この章では、第二言語習得論に基づく短期集中英語学習マニュアルに沿った企業トレーニングで関わった方からよく聞かれる質問について答えていきたいと思います。

Q01　英語が得意な人に共通することは何ですか?

Joan Rubin氏による、「良い学習者(Good Language Learners)」に共通して見られる項目の研究によると、

1. 分からない表現に出くわしたときに、推測する能力が高い
2. コミュニケーションをしようとする意志が強い
3. 思い切りの良さがある
4. 表現の形式に注意している
5. 自ら積極的に会話練習をしようとする
6. 自分や他人の話し方をモニタリングしている
7. 表現の意味や機能に注意している

という七項目が挙げられると言います。良い学習者の共通項を探ろうという試みは1970年代から始まり、今もその系譜が脈々と受け継がれています。ここに挙げた七項目は、現時点での集大成ともいえるものです。

これは英語学習だけに限ったことではありませんが、何かを学ぼうとするときに大事なことは、**積極的かつ継続的に取り組む**ことです。上記の七つの共通項についても、良い学習者はそれを積極的かつ継続的に続けているのです。「継続は力なり」ということわざの通りです。

Q02 ネイティブはなぜ、文法を知らなくても話せるのでしょうか?

この質問をされる方の多くは、ある間違った思い込みをしています。それは、「ネイティブは文法を知らない」ということです。たしかに、わたしたち日本人は日本語の文法について驚くほど知りません。

しかしそれは、**文法を知らないのではなく、明示的な知識として持っていないというだけ**です。文法の体系についてはしっかりと把握しているため、専門用語を使った文法説明はできなくても、ある文を見たときにそれが文法的に正しいか正しくないかを瞬時に判断することができるのです。

「文法なんか知らなくったってネイティブは英語を話しているんだから、文法を勉強しなくても英語を話せるようになるはずだ」という結論が欲しくてこのような質問をすることが多いようですが、これは間違いです。

だからといって、重箱の隅をつつくような細かな文法項目まで網羅的にマスターしていることは（ビジネスでの英語使用を考えた場合は特に）必ずしも求められません。まずは本書で紹介した、文法のコアという考え方をしっかり理解しておいてください。

Q03 中国人や韓国人の方が話す英語が日本人より上手なのはなぜですか？

いくつか理由が考えられますが、一つは、わたしたちが目にする英語を話している中国人や韓国人というのは、多くがエリート階級だということです。

日本は、グローバル化に伴い、エリートであるかどうかにあまり関係なく、多くの人に英語が必要な社会になってきています。そのため、日本の英語学習者全体と中国や韓国のエリート層とを比べると、どうしても平均点に大きな差があるように思えてきます。英語学習に関する社会文化的な差によって引き起こされている**「思い込み」**という側面があるのです。

その他にも、わたしたちが日本語に存在しない音を聞いたとき、敏感に反応してしまうという理由もあります。日本人の意識の中では、日本の中では日本語、日本から一歩外に出たら外国語という思い込みがかなり強いようで、中国語や韓国語にある日本語にはない音を聞き、流暢な英語だと思い込んでしまうということです。

　以前、日本人と中国人のビジネスパーソンの方に会議のロールプレーをしてもらい、彼らが話す英語を比べたことがあります。両者ともTOEIC600点ぐらいの英語力でした。英語の発話スピード、発話語彙数について比較検討をしたところ、有意な差は見られませんでした。

　一方で、中国人の方が「自分と相手は同じぐらいの発話量だった」と感じていたのに対し、日本人の方は「自分は全然喋れなかった。中国人の方は英語がとても流暢だった」と感じていました。つまりこの「中国人や韓国人は英語が上手」だという認識は**「日本人は英語ができない」という間違った思い込みと関わっている可能性が高い**ということです。

　英語でビジネスを行う場合に必要な考え方は"get the job done"、すなわち業務を完遂することであり、ネイティブのような流暢な英語を話すことではありません。そし

て、日本人の英語は日本人が思うほど下手ではありません。ビジネスの場においては、多少発音面や文法面に不安があったとしても、プロフェッショナルとして堂々と話そうとする心構えが肝心です。

Q04 日常英語とビジネス英語では何が違うのでしょうか？

「日常会話レベルの簡単な受け答えならどうにかなるが、ビジネス英語となると難しい」と言う方がいます。しかし、日常英語もビジネス英語も同じ英語であることには変わりありません。一体何が違うのでしょうか？

実のところ、「ビジネス英語」という種類の英語があるわけではなく、ビジネス現場で英語を活用するためのマインドセットのことを指して「ビジネス英語」と呼んでいるにすぎません。

それでも、多くの方がいわゆる「ビジネス英語」のほうが難しいと考えているようです。しかし実際は、その限りではありません。ビジネスの現場では話題に共通性があり、専門用語についてもある程度詳しく知っている場合がほとんどです。一方、日常英語では予測不可能な話題が次々と飛び出すことがよくあります。そのため、上級者になればなるほど「ビジネス英語よりも、日常英語のほうが難し

い」という感想を持つようになります。

**ビジネス英語であれ日常英語であれ、結局は同じ英語で
す。**それぞれに特化した特別な勉強方法があるわけではありません。押さえるべき文法のコアも、求められるインプットの量も同じです。

とはいえ、**文脈や語彙には多少の違いがあるので、**ビジネス英語を中心に勉強したいという場合は、勉強方法ではなく教材を、ビジネスに特化したものにするといいでしょう。

Q05 英検、TOEIC、TOEFLなど、英語関連の資格試験がたくさんありますが、どれを受けるのがベストですか？

英語関連の資格試験を挙げていくと切りがありませんが、有名なものだけでも英検、TOEIC、TOEFL以外にIELTS、CASEC、BULATSなどがあります。

英検（実用英語技能検定）は、中学・高校のときに学校で受けさせられたことのある人も多いでしょう。レベル順に5級、4級、3級、準2級、2級、準1級、1級とあり、3級以上では面接試験が導入されています。

英語関係の資格試験の中でもっとも有名なのがTOEICでしょう。国際コミュニケーションのための英語力を測定

するためのテストで、Test of English for International Communicationの略です。リスニング（100問、約45分）とリーディング（100問、75分）で構成されています。最近では、TOEIC SW (Speaking Writing) テストというものが開発され、スピーキングとライティングの能力を測ることもできるようになりました。テスト内容はビジネスシーンを意識したものが多く、TOEICのスコアを昇進の基準にしている企業も増えつつあります。英検のように級を認定するのではなく、最低点10点から最高点990点の間で英語力を評価します。TOEICは、取得日から2年以内のスコアを有効とすることが一般的です。

TOEFLはTest of English as a Foreign Languageの略で、アメリカやカナダに留学する際にスコアの提出を求められることが多いテストです。最近はインターネット上でテストを受けるiBT (Internet-Based Testing) という形式が一般的です。テスト内容は、リーディング、リスニング、ライティング、スピーキングという四技能すべてです。TOEICや英検よりも受験料が若干高めになっています。

また、イギリス英語圏に留学をする場合には、IELTS (International English Language Testing System) というテストが用いられます。

CASEC (Computerized Assessment System for

English Communication) というのは、TOEFLに似た問題形式の、比較的安価に受けられる試験です。この試験は英検が基礎開発に携わっています。他の試験とは異なり、スコアの認定が即時的で、TOEICなどの他の英語試験に換算した場合のスコアや級の目安も表示してくれます。

英検が開発に携わっている試験は他にもあり、たとえばBULATS (Business Language Testing Service) というものがあります。四技能のすべてを測ることができるテストですが、スピーキングの部分だけを単独で受験することもできるため、スピーキングの能力を測るテストとして採用する企業が増えてきています。

これらの試験の中でどれがベストかと聞かれると、実は少々困ってしまいます。というのも、すべての試験が違う特性を備えているからです。英語の試験に限らず、試験を受ける際に大事なのは、それが**何を測ろうとした試験であるかを知っておく**ことです。そうすれば、自ずと受けるべきものが何か分かってくるはずです。一番いけないのは、みんなが受けているから自分も受けようなどと、目的意識もなく試験に臨むことです。

とはいえ、時代背景を考えると、やはり**TOEICを受けておくのが無難**ではありますが……。

Q06　そもそも、自分が何が分からないのか分かりません。

　学習につまずいている学習者の方の多くから寄せられる質問です。「何が分からないのか分からない」というのは、「何が分かっているのかも分からない」ということです。この学習マニュアルは、まさにそういった、学習の方向性が分からない方に向けたものです。そういう方にこそ、**本書にある通りの学習順序でやり直し学習**を進めていってほしいと思います。弱点を克服するというよりも、もう一度まっさらな気持ちでやり直すという気持ちで学習していったほうがうまくいくはずです。

　それでも、「英語の基礎について、何が分かっていて何が分かっていないのかを、はっきり具体的に知りたい」という方もいるでしょう。そういうお悩みをお持ちの方は、第1章で紹介した『マーフィーのケンブリッジ英文法（初級編）』という書籍の巻末にある「診断テスト（Study Guide）」を受けてみてください。すると、何が分かっていて何につまずいているのかがかなりはっきり見えてくるはずです。つまずいている項目を中心に学習すれば弱点の克服ができるはずです。

　自己分析が苦手だという方は思い切って英会話学校などで**学習カウンセリングを受ける**というのも良いでしょう。

レベルチェックと学習カウンセリングについては無料で応じてくれるところが多く、そこで学習の方向性を明らかにするというのも良い方法です。

ただし、基礎を定着させずにいきなり「英会話レッスン」に飛び付いてはいけません。自分が分かっていることと分かっていないことをはっきりさせて、弱点克服を終えた後で、清々しい気持ちで英会話レッスンに臨んでください。

Q07 このマニュアルでは語彙学習について触れられていませんが、語彙の学習はどのように進めたら良いのでしょうか？

語学の学習は「一生続く」とも言われていますが、その中でも「終わりがない」とされているのが語彙の学習です。語彙の学習については、「個々人のニーズ」に合わせて、継続的に学習をしていくことをお勧めします。

とはいえ、やみくもに片っ端から語彙を覚えていくというのは、はっきり言って苦痛でしかありません。そんなときに助けとなるのは、**「単語の構造・語源」を理解した上で知識を定着させる**ことです。単語を辞書で引いたときに、語彙の成り立ちについての記述も積極的に見るようにしましょう。

たとえば、「import」という語彙は、im（中に）とport（運ぶ）という二つの言葉がくっついたもので、「輸入」を意味します。portにex（外に）という言葉を付ければ、「export（輸出）」になり、trans（移す）を付ければ「transport（輸送する）」、tele（遠い）を付ければ「teleport（転送する）」を意味します。語源を理解することで、語彙の学習はグッと楽になります。

このような語源を利用した語彙学習のお勧め教材としては以下が挙げられます。ご参考までに。
『語源とイラストで一気に覚える英単語』
（清水建二他、成美堂出版）
『システム英単語 Premium（語源編）』
（霜康司・刀祢雅彦、駿台文庫）
『語源でわかった! 英単語記憶術』（山並陞一、文春新書）

Q08 昔の人は、どのようにして英語を勉強していたのでしょうか？

海外に手軽に行けるわけでもなく、インターネットもない。そんな時代にも、英語の達人と呼ばれる人々が存在していました。その様子が、東京大学の斎藤兆史教授の代表的著作『英語達人列伝』（中公新書）に詳しく紹介されて

います。往時の英語の達人たちは、**辞書を丹念に引き、丁寧に訳読を行う**ことによって英語力を高めていたようです。

　これを実際にやってみると、とても手間のかかることだということに気付きます。このような作業にはとても長い時間が必要となるからです。一方現在は、「即効性」を売りにした英語学習教材が少なくありませんが、それを使っても「なかなか英語ができるようにならない」という悩みを抱えたままの人が後を絶ちません。

　第二言語習得論の研究が進み、効果のある学習方法が明らかになりつつあるものの、外国語を学習する難しさというものは、本質的には変化するようなものではないのでしょう。その意味では、今も昔も、洋の東西を問わず、外国語学習は難しいものなのです。

　幸いなことにわたしたちは、過去の偉人が実践したような非常に手間のかかるやり方で英語を学び直す必要はありません。しかしそれでも、外国語学習は難しいものであるということを肝に銘じ、即効性を謳う教材に飛び付かず、着実に英語を学び直していきましょう。

　千里の道も一歩から、です。

Q09 先生はどうやって英語を勉強したのですか?

　わたし自身の勉強方法に、なんら特別なものはありません。本書で紹介した、文法のコアをしっかり押さえる、インプットをたっぷり蓄積する、「発信型の英語」そして「相互理解のための英語」にモードを切り替える、モニタリングをして自分の英語をチェックする、学習方法をカスタマイズして継続して学習をするというやり方そのままです。唯一違っていたのは、その順序です。結果的に、随分遠回りをしてしまいました。というのも、この順序で学習を進めていくことが重要だったからです。

　学習するというのは登山をするようなものです。登り始めは、見通しの悪さからどうしていいか分からないことでしょう。そして、ようやく山の中腹あたりにたどり着いても、同じような景色の連続で自分がどこにいるのかなかなか分からないものです。ですが、山の頂上付近にたどり着くと視界が開け、達成感を得ることができます。

　少し生意気な言い方かもしれませんが、わたしは皆さんよりは、山の頂上に近いところに立っています。ここから見下ろしたときに、実は「近道」があるらしいことに気が付いたのです。そこで、第二言語習得論という裏付けをもとにその道を開拓し、このようなマニュアルとしてここで

披露した、というわけです。

　繰り返しになりますが、わたしは特殊な環境にいたわけでも、特別な英語学習をしてきたわけでもありません。そんなわたしにできたことが、皆さんにできないはずはありません。

Q10　英語学習の王道を教えてください。

　これについては、「**目の前にある課題に、一つ一つ丁寧に取り組んでいく**」ということの他にありません。
「本書で紹介したマニュアルが王道なのでは」と思う方もいるかもしれません。しかし、本書で紹介した英語学習マニュアルは、英語学習の王道を歩くための手引きにすぎません。

　本書を読み終えた皆さんは、いわばスタートラインに立ったところです。これから、一歩ずつ着実に、英語学習の王道を歩いて行きましょう。

英文法のコア

速習ガイド

文の種類(肯定文、否定文、疑問文)を理解する

　文の種類の理解は、英語学習すべての基礎となる重要な事柄です。特に、be動詞、(一般動詞の)現在形、過去形については抜かりなく押さえておきたいところです。

＜be動詞を押さえる＞

　まずは、中学校の英語の授業でも初期の学習項目に位置付けられる、「be動詞」の使い方からです。このbe動詞の学習でつまずいてしまい、英語嫌いになってしまう人は少なくありません。ですが、大人の頭でbe動詞についての学習項目をきちんと整理すると、意外なほどすんなり理解できます。

　be動詞の学習で肝心なのは、次の三つのポイントを理解することです。

1. 　主語に応じたbe動詞の使い分け
2. 　否定文、疑問文の形
3. 　be動詞の右側にくる要素

<be動詞の本質は「A = B」>

まずは、「1. 主語に応じたbe動詞の使い分け」を理解するところから始めます。be動詞の現在形には、is, am, areという、三つの形があります。この形の変化が、be動詞の使い分けをややこしくしています。

be動詞の変化は、主語の「人称」と関係しています。一人称（わたし）の場合はam、二人称（あなた）及び複数の場合はare、三人称単数の場合はisと変化します。忘れがちなのがA and Bという形をとっている場合で、be動詞は複数形のareになります。

A	=	B
I	am	an engineer. (I = エンジニア)
He	is	a student. (He = 学生)
She	is	German. (She = ドイツ人)
You	are	the manager in this office. （You = この部署の部長）
We	are	businesspeople. (We = ビジネスパーソン)
You and I	are	good friends. (あなたと私 = いい友達)

このようにbe動詞は、ある主題の「性質」を説明する場合に用いる動詞で、A＝Bのように、数学でいうところのイコールに相当する表現なのです。

＜会話では省略形が使われる＞

　be動詞は会話の中でもよく使われますが、その際は短縮形がしばしば用いられます。

I am = I'm
He is = He's
She is = She's
It is = It's
You are = You're
They are = They're
We are = We're

＜be動詞の否定文を押さえる＞

　次は「2. 否定文、疑問文の形」を理解しましょう。A≠Bと言いたいときに、否定文を使います。≠の記号に対応するのが否定語の「not」で、これをbe動詞の後に付け

ればいいのです。

I *am* <u>*not*</u> a student.
He *is* <u>*not*</u> an engineer.
She *is* <u>*not*</u> French.
You *are* <u>*not*</u> a doctor.
We *are* <u>*not*</u> Canadian.

　肯定文のときと同様、否定文の場合も短縮形があります。肯定文の場合とは異なり、「主語＋be動詞　not」と、「主語　be動詞＋not」の二パターンがあります。

I am not	I'm not	（なし）
		※amn'tという形は使わない
He is not	He's not	He isn't
You are not	You're not	You aren't

＜be動詞の疑問文を押さえる＞

　今度は疑問文の作り方です。疑問文を作る場合は、be動詞と主語の位置をひっくり返します。そして、文末にquestion mark(?)を置きます。

Am I Japanese? (I = 日本人?)
Is he a sales rep.? (He = 営業マン?)
Is she an engineer? (She = エンジニア?)
Are you a manager in this office? (You =この部署の部長?)
Are we businesspeople? (We = ビジネスパーソン?)

＜返答は短く、素早く＞

疑問文に対する返答はYES/NO＋主語＋be動詞で行います。

Are you Japanese?
　Yes, I am. / No, I'm not.
Is he a sales rep.?
　Yes, he is. / No, he isn't.
Are they engineers?
　Yes, they are. / No, they aren't.

＜疑問詞（5W1H）を加える方法＞

疑問詞を置く場合は、疑問詞＋be動詞＋主語という語順にします。

<u>How</u> *are* you?
<u>What</u> *is* your name?
<u>Who</u> *are* they?

[疑問詞一覧]

Who	だれ
What	なに
Where	どこ
When	いつ
Why	なぜ
How	どう・どのように

＜be動詞の右側にくる要素＞

最後は、「3. be動詞の右側にくる要素」を押さえていきましょう。前述の通り、be動詞はものごとの性質を表す

ときに使う表現です。A＝BのBには、名詞や形容詞を持ってくることができます。

同様に、主語の「行動」を表す場合にも、be動詞を使います。その際、be動詞の後ろに置かれる動詞はing形となります。英語では一文中に動詞の数は一つという絶対のルールがあります。そのため、be動詞のすぐ後ろに動詞の原形を置いてしまうと、それは文法的ではないということになってしまいます。

ちなみに、このbe動詞＋ing形というのは、中学校の英語の教科書では「現在進行形」という名前で登場する文法項目です。しかし、「現在進行形」という独立した項目としてではなく、be動詞に関連する項目だと捉えたほうが大人の頭にとっては馴染みやすいということが、自然順序仮説によって示されています。

I *am* read*ing* a newspaper.
He *is* study*ing* geography very hard.
They *are* tak*ing* care of their baby.
We *are* meet*ing* Dave at the coffee shop.

頭では分かっていても、"I am play baseball."などの文法的には正しくない表現をつい使ってしまうことがあり

ます。このようなミスをしてしまうのには何か深いワケがあるのでしょうか？

NG! I　　*am*　　play baseball.
　　私　　は　　　野球をします。

　be動詞は、日本語の「は」や「が」に対応するような気がするのですが、実はそうではありません。この日本語の感覚に引きずられて、上記のような間違った英語を作ってしまうことが多いのです。

＜be動詞の後は動詞のing形をおく＞

　この問題は、be動詞の後に来る動詞をing形に変えてあげればそれで済んでしまいます。そう考えると、英文法の学習がグンと楽になるのではないでしょうか。
　動詞のing形の作り方は、基本的には動詞の後ろにingをおけばいいのですが、スペリングそのものが変化するものもあります。

① 語尾が-eで終わるものは、eを取ってingを付ける

come　　→eを取って→　　coming
become　→eを取って→　　becoming
type　　→eを取って→　　typing
shine　　→eを取って→　　shining

② 短母音+子音で終わる単語は語尾の子音を重ねてingを付ける

run　　→語尾の子音を重ねて→　running
swim　　→語尾の子音を重ねて→　swimming
stop　　→語尾の子音を重ねて→　stopping
cut　　→語尾の子音を重ねて→　cutting

　この規則に当てはまらない動詞については、単純にingを付けるだけです。be動詞の後ろに動詞のing形を置く形は現在進行形と呼ばれ、「ある人が、何かしらの行動をしている」ということを表現することができます。

＜一般動詞の現在形を理解する＞

　先ほど紹介した表現からbe動詞とing形を落として、主語＋動詞（三人称の場合は＋s）という形を用いると、「習

慣」、またはその「頻度」を表すことができます。一般動詞の現在形と呼ばれる文法項目です。

I *drink* a lot of water every day.
I *eat* some bread in the morning.
You *speak* Chinese very well.
We *live* in China.

　これら例文の動詞は、be動詞ではなくing形でもないことを確認してください。原形のままで使われているところがポイントです。

＜現在形は毎日の習慣を表す＞

　頭では分かっているつもりでも、いざ英文を作ってみたときに案外間違いやすいのがこの現在形です。現在形を使うのが難しい原因は、日本語の「〜している」という言葉の持つ「あいまいさ」にあるのかもしれません。というのも、日本語の「〜している」という言葉は、「現在の習慣」と「進行中の動作」の両方に使うことができます。
　一方英語は、現在形と、現在進行形を明確に区別しています。現在形が使えるかどうかを判断するポイントは、

"everyday"などの「現在の習慣」を表す表現が一緒に使えるかどうかです。他にも、always, sometimes, often, usuallyなどのような頻度を表す副詞が「現在の習慣」を表す表現です。

一方、now, right nowなどのように「進行中の動作」を示唆する表現とともに用いられる場合には、現在進行形が適切だと判断できます。

<三人称・単数・現在形。いわゆる三単現のs>

現在形を作るときに意外に厄介なのが、動詞の三人称・単数・現在形のs、略して三単現のsです。be動詞は一人称（わたし）、二人称（あなた）、三人称（それ以外）の、それぞれの人称に応じて形が変化するのでした。一方現在形の場合、一人称（わたし）、二人称（あなた）と、複数形については一貫して動詞の原形を使います。しかし、三人称（「わたし」でも「あなた」でもない人・もの）の単数形の場合、動詞にsを付ける必要があります。

He plays the piano every day.
She often goes to the gym to work out.
Shinji speaks French very fluently.

Tomomi stud*ies* science at her university.

　ただsを付ける以外の三単現のsの付け方は、以下の通りです。

① s, z, sh, ch, x（ス、ズ、シ、チの音で終わる単語）の場合はesを付ける

pass	→esを付ける→	passes
buzz	→esを付ける→	buzzes
wash	→esを付ける→	washes
watch	→esを付ける→	watches
relax	→esを付ける→	relaxes

② 子音＋yで終わっている単語は、yを取ってiesを付ける

study	→yを取ってies→	studies
try	→yを取ってies→	tries
cry	→yを取ってies→	cries
imply	→yを取ってies→	implies

③ do, goはdoes, goes

| do | →不規則→ | does |
| go | →不規則→ | goes |

<現在形の否定文>

否定文を作るときにも注意が必要です。be動詞のときのように、ただ動詞の後ろにnotを入れればいいというわけではありません。現在形の否定文には、動詞の前に補助動詞のdo not / does notを置き、動詞は人称に関係なく原形を用います。do notは、話し言葉ではしばしばdon'tという形に省略されます。

I ☐ *study* a lot every day.
→do+notを入れる
　I do not [don't] study a lot every day.

I ☐ *drink* some coffee in the morning.
→do+notを入れる
　I do not [don't] drink some coffee in the morning.

You ☐ *speak* Italian very well.
→do+notを入れる
　You do not [don't] speak Italian very well.

We ☐ *live* in Kawasaki.
→do+notを入れる

　We do not [don't] live in Kawasaki.

　三単現のsが必要となるケースの否定文はどうなるでしょうか？　この場合、三単現のsは動詞のほうではなくdoのほうに付き、does not（話し言葉ではdoesn't）という形になります。

He ☐ *plays* the piano every day.
→do+es+notを入れる→playsからsを取る

　He does not [doesn't] play the piano every day.

She ☐ go*es* to the gym to work out.
→do+es+notを入れる→goesからesを取る

　She does not [doesn't] go to the gym to work out.

It ☐ rain*s* very heavily today.
→do+es+notを入れる→rainsからsを取る

　It does not [doesn't] rain very heavily today.

<現在形の疑問文>

疑問文の場合も、doまたはdoesが必要となります。これらを主語の前に出し、文末には？を置きます。

You ☐ *study* a lot every day.
→doを文頭に
　Do you study a lot every day?

You ☐ *drink* some coffee in the morning.
→doを文頭に
　Do you drink some coffee in the morning?

They ☐ *speak* Italian very well.
→doを文頭に
　Do they speak Italian very well?

They ☐ *live* in Kawasaki.
→doを文頭に
　Do they live in Kawasaki?

He ☐ plays the piano every day.
→do+esを文頭に→playsからsを取る
　Does he play the piano every day?

Tomomi ☐ finishes her work at six o'clock.
→do+esを文頭に→finishesからesを取る
　Does Tomomi finish her work at six o'clock?

It ☐ rains very heavily today.
→do+esを文頭に→rainsからsを取る
　Does it rain very heavily today?

「三単現のs」は、英語学習のつまずきポイントの一つです。

次から、過去形と過去進行形の説明をしていきますが、腑に落ちない点があれば、ここまでを読み直し、理解を定着させてから次へ進んでください。

＜実は、現在形よりもよく使われるのが過去形！＞

過去形とは、過去に起こった出来事を表すための表現です。中学校の英語の授業では、この過去形でつまずく人が意外と多いものです。

ですが、be動詞と一般動詞それぞれの現在形をしっかりと理解しておけば、過去形で押さえるべきことはあまり多くありません。

過去形の理解において大事なのは、次の三つです。

1. 過去形では、be動詞はam/isはwas、areはwereになる。一般動詞にはedが付く
2. do/doesはdidになるが、使い方は同じ
3. 一般動詞には、不規則に変化するものもある

<be動詞の過去形を押さえる>

まずはbe動詞の過去形、wasとwereです。使い方をまとめると、以下のようになります。

	現在形	過去形
I 一人称	am	was
You 二人称＋複数形	are	were
He/She 三人称単数	is	was

このように並べてみると、be動詞の過去形は現在形よりも一つ種類が少ないことに気付きます。そして、使い方

は現在形のときとまったく一緒です。

まずは肯定文を見てみましょう。

I *was* busy last week.
He *was* a fast runner when he was younger.
We *were* good students.

＜be動詞の過去形を、否定文や疑問文にする＞

次は否定文の作り方です。現在形のときと同様、be動詞の後ろにnotを置きます。

I *was* <u>not</u> busy last week.
He *was* <u>not</u> a fast runner when he was younger.
We *were* <u>not</u> good students.

疑問文を作る際も、現在形のときとまったく同様、be動詞と主語の位置を反転させます。疑問詞を置く場合も同様で、be動詞のさらに前に疑問詞を置きます。例文を見てみましょう。

Were you busy last week?
Was he busy last week?
<u>Where</u> *were* you born?
<u>Why</u> *was* he absent yesterday?

＜現在進行形が理解できていれば過去進行形も簡単！＞

　現在進行形と同様、「あのときは、〜していた」と、進行中だった動作を表現する場合、be動詞の過去形の後ろに、動詞のing形を置きます。

I *was* hav*ing* lunch with Ken yesterday.
We *were* walk*ing* to the station.
He *was not* driv*ing* last Friday.
Were you go*ing* for a pint last night?
What *was* he think*ing* about?

　現在形と過去形を説明してきました。ここまでで、あることに気付かなかったでしょうか？　そう、繰り返し同じパターンが出てくることです。
　英語に限らず、外国語を勉強する際にはその根底にあるシステムを理解することが非常に重要です。自然順序仮説

に沿って文法のコアを押さえるというのは、このパターンを理解するということなのです。最初は負担に思うこともあるかもしれませんが、一つ一つ丁寧に課題を片付けていけば、結果は必ずついてきます。

＜一般動詞の過去形を押さえる＞

　このままのペースを崩さずに、今度は一般動詞の過去形を見ていきましょう。常に現在形のときと比較しながら学習を進めていくとより効果的です。
　一般動詞を過去形にする際、現在形のときのように、三単現のsを付ける必要はありません。過去形では、人称に関係なく動詞にedを付けるだけです。

I visit Australia.　　　　I visit*ed* Australia.
You talk with Jenny.　　You talk*ed* with Jenny.
She listens to music.　　She listen*ed* to music.
We play tennis.　　　　We play*ed* tennis.

　edの付け方ですが、スペルが-eで終わっている単語には、dを付けるだけ（die→died）、子音＋yで終わっているものには、yを取ってiedを付ける（study→studied）、とい

う規則があります。とはいえ、これはほとんど三単現のsの付け方の感覚と一緒ですね。

ところが、過去形の難所はここからなのです。このedが付くことのできない動詞が英語には非常にたくさんあります。これらの動詞は不規則変化動詞（irregular verbs）と呼ばれています。たとえば次のようなものがあります。

現在形	過去形
I go shopping.	I went shopping.
He writes a letter.	He wrote a letter.
We read books.	We read books. *[red]と同じ発音

不規則変化動詞、という言葉が示す通り、この変化には規則性がありません。なので一つ一つ根気よく覚えていくしかありません。さまざまな英語関連書籍や、インターネットでもこの不規則変化動詞が紹介されています。比較的億劫になりがちの項目ですが、しっかり知識を定着させておきましょう。この不規則変化動詞をクリアできたことで、英語の学習が急に楽になったという経験をされた方を、わたしはたくさん見てきました。

＜一般動詞の過去形の否定文・疑問文を押さえる＞

　過去形の否定文・疑問文は、現在形と比べると割とすんなりクリアできる方が多いようです。三単現のsは過去形にはありません。また、肯定文には不規則変化動詞という複雑な要素がありましたが、否定文・疑問文には関係がありません。現在形でdoやdoesを入れるべき箇所をdidに変えるだけで良いからです。

【否定文】

You *did* <u>not</u> *listen* to me carefully.
He *did* <u>not</u> *go* shopping last weekend.

【疑問文】

Did you *speak* to John this morning?
Did he *write* the letter?
Where *did* you *find it*?
How *did* you *feel* yesterday?

　現在形を使うときは、nowやevery dayなど、現在を示す表現や、頻度を表す副詞などが一緒に用いられていまし

た。過去形（または過去進行形）のときは、yesterday, last night, a few weeks agoなどの過去の時点を表すような語を一緒に用いることができます。

その他、英語には未来形や完了形もありますが、実はこれらの項目は、文法のコアというよりも、「チャンク（言葉のカタマリ）」の学習という性質が強いものです。たとえば、完了形であれば「have ＋ 過去分詞形」で、一つのカタマリ、未来形であれば「will ＋ 動詞の原形」、「be going to ＋ 動詞の原形」などのように、言葉のカタマリとして理解する必要があります。

このような完了形、未来形を理解するためには、先ほど紹介した文法の体系をしっかり理解していることが前提となります。体系を理解せずにただカタマリとして捉えるのでは、いつまでたっても文法知識を実践の場で使えるようにはなりません。逆に言えば、文法の体系が理解できてさえいれば、カタマリがすんなり捉えられるはずです。

未来完了、過去完了、未来進行形、現在完了進行形など、一見複雑な文法項目も、実は同じ体系であることを、学習を深めながらつかんでいってください。

品詞の役割を理解する

　肯定文、疑問文、否定文の理解を深めたら、次は「品詞の役割」をきちんと理解することが大事です。品詞の役割を理解していれば、新しい表現に出くわしたときに、文法体系に合わせてそれを理解することができます。しかしながら、この体系に関する理解が不足していると、新しい表現を無限に覚え続けるしかなくなり、学習が苦痛になってしまいます。

　初期の英語学習成功のカギは、「品詞」の理解にあります。品詞は英語でparts of speechと言います。読んで字のごとく、文章をなすパーツです。

<英語の基本品詞四つを確実に押さえる>

　英語にはいくつの基本品詞があるでしょうか？　諸説ありますが、一般的に八つと言われており、動詞、助動詞、名詞、代名詞、形容詞、副詞、前置詞、間投詞だとされています。ですが、英文法のコア速習ガイドの中では、これらの八つの品詞のうち、特に大事な四つの品詞に焦点を絞

って学習していきます。

ただしここでは、動詞と助動詞をまとめて動詞として扱います。また名詞と代名詞もまとめて名詞とします。形容詞と副詞はまとめることはできませんが、前置詞は形容詞または副詞のカタマリを作ることができるので、役割としては同等とみなすことができます。最後の間投詞は、感情を表す表現であり、ここでは触れません。

このように捉えてみると、結局のところ品詞は、動詞、名詞、形容詞、副詞の四つで基本品詞のうちの七つがカバーできることになります。このようなこともあり、先の四品詞は四**大**品詞とも呼ばれています。

＜品詞が分かると語順が分かる＞

品詞を理解することのメリットはどこにあるのでしょうか？　それは、言葉の並べ方が分かることにあります。

英語は日本語とは異なり、語順が変わると意味が大きく変わってしまいます。言葉をどう並べればいいのかを判断するためには、品詞の理解が必要不可欠なのです。逆に言えば、言葉の並べ方さえマスターしてしまえば、英語なんてへっちゃら（のはず？）なのです。

四大品詞の役割は次の通りです。ここで押さえておくべ

きは、品詞と、文型に登場してくるSVOC(M)の関係です。

> **四大品詞の役割**
> **動詞**：文章の中核をなす（V）
> **名詞**：文中で主語（S）、目的語（O）、補語（C）になる
> **形容詞**：文中で補語（C）、または名詞を修飾（M）する
> **副詞**：名詞以外を修飾（M）する

＜動詞はV＞

　動作や状態を表すものである動詞については、特に説明の必要はないでしょう。英語でVerbと言い、頭文字を取ってVと表記されます。

＜名詞はS, O, Cになれる＞

　動詞（V）の動作主体（誰が〜した）を表すものが主語（Subject）で、Sと表記されます。Sになれるのは名詞だけです。ただし、名詞がなれるのは、Sだけではありません。補語 (C: Complement) や目的語 (O: Object) にもなれるのです。SとVを使った文としては、

The sun shines. (太陽 は 輝く。)
<u>S</u>　<u>V</u>

I walk. (私 は 歩く。)
<u>S</u> <u>V</u>

などがあります。

　補語 (C) はSとイコールの関係になれるもので、次のような文章を作れます。

Masaaki is a sales rep.
<u>S</u>　<u>V</u>　　<u>C</u>

(雅明 は 営業マン です。／雅明＝営業マン)

Curry tastes spicy.
<u>S</u>　<u>V</u>　　<u>C</u>

(カレー は 辛い です。／カレー＝辛い)

　一方、Sが行った行為が及ぶ対象 (=被動作主) を表すのが目的語 (O) で、SとOはイコールの関係にはなりません。Sの行動の対象がOに及ぶ、というイメージになります。

Sayaka studies marketing.（さやかはマーケティングを勉強している。）
　S　　　V　　　　O　　　　さやかの勉強の対象→マーケティング

Everybody hates work-overtime.（みんな残業を嫌がっている。）
　　S　　　　V　　　　O　　　　みんなの憎悪の向かう対象→残業

＜形容詞はCかM＞

　次に形容詞ですが、補語（C）になる場合と、名詞を修飾（M: Modify）する場合とがあります。Sとイコールの関係にあるCの位置に置かれる場合と、名詞の前に付けて飾り言葉の役割を担う場合という二通りの用法があるのです。

Kimie is a skillful engineer.（公恵は有能なエンジニアです。）
　　　　　　　　M → 名詞　　エンジニア＝有能

Shoko looks very talented.（祥子はとても才能がありそうだ。）
　S　　　V　　　　C　　　　祥子＝才能がある

＜副詞はM＞

最後に副詞の役割ですが、名詞以外のものを修飾（M: Modify）する役割が与えられています。

Drew talks very loudly.（ドゥルーは大声で話します。）
　　　V ← M　　　話し方＝大声
Rina sings very well.（里奈は歌がとても上手です。）
　　　V ← M　　　歌の歌い方＝上手

＜英語の文のパターン（=文型）を理解する＞

品詞をカテゴリー分けできたように、文の並び順もある程度カテゴリー分けすることができます。そうしてできた文のパターンが、皆さんが中学・高校で習った、あの基本五文型です。

ちなみに、欧米では基本七文型という方が一般的ですが、文型を増やすことにあまり意味はありません。なので、ここでも日本人になじみのある基本五文型を取り上げることにします。

第一文型　S+V
第二文型　S+V+C
第三文型　S+V+O
第四文型　S+V+O+O
第五文型　S+V+O+C

　さて、この基本五文型をじっくり見てください。何か気が付きませんか。そうです、すべてS+Vで始まっているのです。英文の一番最初に置かれるものは、なんらかの動作を行っている主体です。そして、次にくるのは当然のことながら、その主体が行った動作そのものになります。

＜動詞にも種類がある＞

　次に、動詞の後ろを見てみましょう。第三文型以降はすべて目的語（O）から始まっています。実は、目的語を取れるか否かは、すべて動詞の性質によって決まっています。動詞には、目的語をとれない自動詞（Intransitive Verb）と、目的語を必要とする他動詞（Transitive Verb）とがあるのです。そして、この動詞の性質によって、文型は自ずと決まっていきます。
　品詞の概念というのが一朝一夕に身に付くものではない

ことは確かです。ですが、英語に限らず、外国語を学習する上では、このような基礎文法知識の定着が避けて通れないものであることも確かです。そのために、英語の学習をする際には、常に次のことを覚えておいてください。

<英文を見たときに、必ず意識しておきたいこと>

① 動詞に目を向ける！

英文の理解は、文中の動詞の性質を理解することと密接に結びついています。動詞を見つけたら、まずはそれが自動詞なのか他動詞なのかを見分けるようにしましょう。すぐに判断できない場合は、辞書を引いて確かめましょう。当たり前のことですが、できないこと・分からないことは恥ずかしいことではありません。むしろ、できないこと・分からないことをそのままにしておくことのほうがよっぽど恥ずかしいことなのです。英文を見たら、まずは文中の動詞がどれなのか、それは自動詞なのか他動詞なのかということに目を向けるようにしてください。

② 主語、目的語、補語がそれぞれどれなのかを考える！

動詞が分かったら、今度は主語に当たる言葉がどれなのか、目的語、補語はどれなのかを考えます。どうやって判

断するかですが、それには動詞の性質を使います。

　最初のうちは、動詞の性質を辞書できちんと確かめていきましょう。辞書を使う際にはどうしても単語の意味だけに注目してしまうものです。ですが、意味だけでなく、語法もまた同様に重要なのです。

　たとえば、ある動詞が自動詞であると説明されていた場合、後続の要素は補語か修飾語句のはずです。他動詞だった場合には、後続の要素は目的語であると確定させることができます。

　文型によってその文の意味は自ずと限定されるため、文の構造を把握することで意味がつかめるようになるのです。

　参考までに、第一文型から第五文型までのそれぞれの基本的な意味を紹介しておきます。

第一文型 S+V　　　　　Sが存在する、進行する
第二文型 S+V+C　　　　S=Cである
第三文型 S+V+O　　　　SがOにVの行為を及ぼす(S≠O)
第四文型 S+V+O1+O2　　SがO1(ヒト)にO2(モノ)を与える
第五文型 S+V+O+C　　　Sが原因でOがCの状態になる
　　　　　　　　　　　（O=Cになる）
　　　　　　　　　　　SはOがCであるのを知覚する・
　　　　　　　　　　　認識する

文型について理解していくことには、「面倒くさい」という印象が付きまといがちです。ですが、文型を理解することが英語を理解する足がかり（英語ではscaffoldといいます）になるのだということを押さえておいてください。

<いざ、マーフィーのテキストへ>

　以上が文法のコアです。ここまでが固まったら、いよいよ次は『マーフィーのケンブリッジ英文法（初級編）』で文法の知識を整理していきましょう。

　わたしのお勧めは、Unit 1 から始めてすべてのドリルを網羅的に解き、その後、またUnit 1 に戻り、文法解説のセクションで提示されている例文をすべて音読することです。最低三回音読しましょう。これだけのことをやるには、途方もないエネルギーが必要となるはずです。

　今回もまた「問題を先送り」にしますか？　それともここで本腰を入れて、やり直し英語を成功させますか？

あとがき

英語教師としてのコンプレックス?!

「先生は、帰国子女ですか？」

　藤井さんは何気なく、わたしが企業研修に携わって間もない頃に受けたのと同様の質問をわたしに投げかけてくれました。受講生としての藤井さんは、純粋な好奇心からこう問いかけたのだと思いますが、当時の、企業研修の分野に参入して日の浅いわたしは、複雑な思いで次のように答えました。

「いえ、わたしは生まれも育ちも日本なんです。英語を勉強し始めたのも藤井さんと同じく、中学校１年生からですよ。最初はむしろ英語が嫌いなぐらいでしたからね。」

　それを聞いた藤井さんは、「そうなんですか。日本で生まれて、英語を勉強していても、努力次第で英語ができるようになるんですね。」と応じてくれたのですが、そのときはまだ、複雑な思いを拭い去れずにいました。

複雑な思いを抱かざるを得なかった原因は、とどのつまり「わたしは結局ネイティブではない」という、いわば英語学習者の多くが持っている劣等感に他なりません。日本の英会話業界や企業での英語コンサルティングは「ネイティブの英語」「本場の英語」をリスペクトする風潮がどうしても強く、どこまでいっても結局はネイティブではないわたしは、企業英語研修講師としてどこか自信を持てずにいたわけです。

　さらに藤井さんは、次のような質問を続けました。
「今までも英会話教材を買って試してみたり、ネイティブの先生に英語（英会話）を習ったことがあります。その場では『話した気』になれますが、肝心な英語の学習そのものについては、結局分からずじまいなんです。どうやって英語を勉強するのが一番いいんですか？」
　この質問を聞いてわたしはハッとしました。これは、わたしが英語教師として果たしていくべき役割を決定づける、とても重要なヒントとなるものだったからです。もちろん、ネイティブの講師と同じように、実践的な英会話練習を通して受講生が英語を学習する手伝いをしていくこともわたしの果たすべき役割の一つです。ですが、それ以上に「英語の学習方法そのものをコンサルティングしていくこと」

が果たすべき役割だということに気付いたのです。わたしが本当にやりたいことも、これでした。

再訪、第二言語習得論

当時のわたしは、英語の学習方法そのものについて、自分自身の学習経験や成功体験に基づくやり方以外に知っていることや、体系的に理解していることは限られていました。そこで、大学のときにかじったことのある「第二言語習得論(Second Language Acquisition)」という学習理論にもう一度当たってみることにしたのです。

そして、本書で紹介した通りの学習ステップを踏まえる必要があることに気付きました。

このようにしてわたしは、第二言語習得論に沿って、藤井さんの研修内容をデザインしていったのです。その結果は「はじめに」で示した通りで、藤井さんは短期間で高い英語力を身に付けることができました。

藤井さんの英語学習が成功したことにより、わたしは学習方法そのものをコンサルティングしていくことのできる企業英語研修講師として自信が持てるようになりました。

そして、より良い企業研修を実施していくためにも、自

分自身のキャリアップのためにも、英語の学習方法についてもう一度理論的に体系立てて学び直す必要があると感じました。大学院に入って、第二言語習得論を学び直したいと考えるようになったのです。

そして、大学院入学!

2011年4月、社会人入学制度を利用する形で、わたしは現職を続けながら大学院で第二言語習得論を学び、ビジネスパーソンにとって効果的な英語学習方法のブラッシュアップを始めました。大学院で学んだことを企業英語研修の現場にフィードバックする作業を繰り返し、日本人ビジネスパーソンにとってもっとも効果的な英語学習プログラムを構築するために日々奮闘を重ね始めたのです。本書で紹介した「短期集中英語学習プログラム」は、この奮闘の中から生まれたものです。

本書は、2013年に出場した「第9回出版甲子園」で発表した「ビジネスパーソンのやり直し英語学習」企画をもとに発展させたものです。本書出版の機会を与えていただいたディスカヴァー・トゥエンティワンの皆さんに、この場をお借りして厚く御礼申し上げます。また、本書の英文

を丁寧にチェックしてくださったRobert Walker先生にもこの場を借りて御礼申し上げます。

　今ここに本書の執筆を終えたわけですが、わたしの挑戦が終わったわけではありません。英語学習で悩む日本人がいる限り、わたしの挑戦は続きます。本書が、今度こそやり直すぞと決意した方の英語学習を成功させ、英語を勉強して良かったと思える一助となれば、著者として、また英語学習コンサルタントとして、こんなに嬉しいことはありません。

2015年12月吉日
佐藤洋一

第二言語習得論に基づく、
もっとも効率的な英語学習法

発行日　2015年12月30日　第1刷

Author	佐藤洋一（編集協力：Robert Walker）
Book Designer	遠藤陽一（DESIGN WORKSHOP JIN, Inc.）
Publication	株式会社ディスカヴァー・トゥエンティワン 〒102-0093　東京都千代田区平河町2-16-1 平河町森タワー11F TEL　03-3237-8321（代表） FAX　03-3237-8323 http://www.d21.co.jp
Publisher	干場弓子
Editor	堀部直人＋原典宏
Marketing Group Staff	小田孝文　中澤泰宏　片平美恵子　吉澤道子　井筒浩　小関勝則 千葉潤子　飯田智樹　佐藤昌幸　谷口奈緒美　山中麻吏　西川なつか 古矢薫　伊藤я文　米山健一　郭大士　郭迪　松原史与志　蛯原昇 中山大祐　林拓馬　安永智洋　鍋田匠伴　榊原僚　佐竹祐哉 塔下太朗　廣内悠理　安達情未　伊東佑真　梅本翔太　奥田千晶 田中姫菜　橋本莉奈　川島理　倉田華　牧野類　渡辺基志
Assistant Staff	俵敬子　町田加奈子　丸山香織　小林里美　井澤徳子　藤井多穂子 藤井かおり　葛目美枝子　竹内恵子　清水有基栄　小松里絵 川井栄子　伊藤香　阿部薫　常徳すみ　イエン・サムハマ　南かれん 横井由美香　鈴木洋子　松下史
Operation Group Staff	松尾幸政　田中亜紀　中村郁子　福永友紀　山﨑あゆみ　杉田彰子
Productive Group Staff	藤田浩芳　千葉正幸　林秀樹　三谷祐一　石橋和佳　大山聡子 大竹朝子　井上慎平　松石悠　木下智尋　伍佳妮　頼奕璇
Proofreader	鷗来堂
DTP	朝日メディアインターナショナル株式会社
Printing	共同印刷株式会社

定価はカバーに表示してあります。本書の無断転載・複写は、著作権法上での例外を除き禁じられています。インターネット、モバイル等の電子メディアにおける無断転載ならびに第三者によるスキャンやデジタル化もこれに準じます。
乱丁・落丁本はお取り替えいたしますので、小社「不良品交換係」まで着払いにてお送りください。

ISBN978-4-7993-1827-0　　　　　　　　　　　　　　携書ロゴ：長坂勇司
©Yoichi Sato, 2015, Printed in Japan.　　　　　　　携書フォーマット：石間 淳